CONVIVIO

Dante Alighieri

Prima edizione 2022

ISBN: 9798367240306

INDICE

TRATTATO PRIMO

CAPITOLO I

1. Sì come dice lo Filosofo nel principio de la Prima Filosofia, tutti li uomini naturalmente desiderano di sapere. La ragione di che puote essere ed è che ciascuna cosa, da providenza di prima natura impinta, è inclinabile a la sua propria perfezione; onde, acciò che la scienza è ultima perfezione de la nostra anima, ne la quale sta la nostra ultima felicitade, tutti naturalmente al suo desiderio semo subietti. **2.** Veramente da questa nobilissima perfezione molti sono privati per diverse cagioni, che dentro a l'uomo e di fuori da esso lui rimovono da l'abito di scienza. Dentro da l'uomo possono essere due difetti e impedi[men]ti: l'uno da la parte del corpo, l'altro da la parte de l'anima. **3.** Da la parte del corpo è quando le parti sono indebitamente disposte, sì che nulla ricevere può, sì come sono sordi e muti e loro simili. Da la parte de l'anima è quando la malizia vince in essa, sì che si fa seguitatrice di viziose delettazioni, ne le quali riceve tanto inganno che per quelle ogni cosa tiene a vile. **4.** Di fuori da l'uomo possono essere similemente due cagioni intese, l'una de le quali è induttrice di necessitade, l'altra di pigrizia. La prima è la cura familiare e civile, la quale convenevolmente a sé tiene de li uomini lo maggior numero, sì che in ozio di speculazione esser non possono. L'altra è lo difetto del luogo dove la persona è nata e nutrita, che tal ora sarà da ogni studio non solamente privato, ma da gente studiosa lontano. **5.** Le due di queste cagioni, cioè la prima da la parte [di dentro e la prima da la parte] di fuori, non sono da vituperare, ma da escusare e di perdono degne; le due altre, avvegna che l'una più, sono degne di biasimo e d'abominazione. **6.** Manifestamente adunque può vedere chi bene considera, che pochi rimangono quelli che a l'abito da tutti desiderato possano pervenire, e innumerabili quasi sono li 'mpediti che di questo cibo sempre vivono affamati. **7.** Oh beati quelli pochi che seggiono a quella mensa dove lo pane de li angeli si manuca! e miseri quelli che con le pecore hanno comune cibo! **8.** Ma però che ciascuno uomo a ciascuno uomo naturalmente è amico, e ciascuno amico si duole del difetto di colui ch'elli ama, coloro che a così alta mensa sono cibati non sanza misericordia sono inver di quelli che in bestiale pastura veggiono erba e ghiande sen gire mangiando. **9.** E acciò che misericordia è madre di beneficio, sempre liberalmente coloro che sanno porgono de la loro buona ricchezza a li veri poveri, e sono quasi fonte vivo, de la cui acqua si refrigera la naturale sete che di sopra è nominata. **10.** E io adunque, che non seggio a la beata mensa, ma, fuggito de la pastura del vulgo, a' piedi di coloro che seggiono ricolgo di quello che da loro cade, e conosco la misera vita di quelli che dietro m'ho lasciati, per la dolcezza ch'io sento in quello che a poco a poco ricolgo, misericordievolmente mosso, non me dimenticando, per li miseri alcuna cosa ho riservata, la quale a li occhi loro, già è più tempo, ho dimostrata; e in ciò li ho fatti maggiormente vogliosi. **11.** Per che ora volendo loro apparecchiare, intendo fare un generale convivio di ciò ch'i' ho loro mostrato, e di quello pane ch'è mestiere a così fatta vivanda, sanza lo quale da loro non potrebbe esser mangiata. **12.** E questo [è quello] convivio, di quello pane degno, con tale vivanda qual io intendo indarno [non] essere ministrata. E però ad esso non s'assetti alcuno male de' suoi organi disposto, però che né denti né lingua ha né palato; né alcuno assettatore di vizii, perché lo stomaco suo è pieno d'omori venenosi contrarii, sì che mai vivanda non terrebbe. **13.** Ma vegna qua qualunque è [per cura] familiare o civile ne la umana fame rimaso, e ad una mensa con li altri simili impediti s'assetti; e a li loro piedi si pongano tutti quelli che per pigrizia si sono stati, che non sono degni di più alto sedere: e quelli e questi prendano la mia vivanda col pane, che la farò loro e gustare e patire. **14.** La vivanda di questo convivio sarà di quattordici maniere ordinata, cioè quattordici canzoni sì d'amor come di vertù materiate, le quali sanza lo presente pane aveano d'alcuna oscuritade ombra, sì che a molti loro bellezza più che loro bontade era in grado. **15.** Ma questo pane, cioè la presente disposizione, sarà la luce la quale ogni colore di loro sentenza farà parvente. **16.** E se ne la presente opera, la quale è Convivio nominata e vo' che sia, più virilmente si trattasse che ne la Vita Nuova, non intendo però a quella in parte alcuna derogare, ma maggiormente giovare per questa quella; veggendo sì come ragionevolmente quella fervida e passionata, questa temperata e virile esser conviene. **17.** Ché altro si conviene e dire e operare ad una etade che ad altra; perché certi costumi sono idonei e laudabili ad una etade che sono sconci e biasimevoli ad altra, sì come di sotto, nel quarto trattato di questo libro, sarà propria ragione mostrata. E io in quella dinanzi, a l'entrata de la mia gioventute parlai, e in questa dipoi, quella già trapassata. **18.** E con ciò sia cosa che la vera intenzione mia fosse altra che quella che di fuori mostrano le canzoni predette, per allegorica esposizione quelle intendo mostrare, appresso la litterale istoria ragionata; sì che l'una ragione e l'altra darà sapore a coloro che a questa cena sono convitati. **19.** Li quali priego tutti che se lo convivio non fosse tanto splendido quanto conviene a la sua grida, che non al mio volere ma a la mia facultade imputino ogni difetto; però che la mia voglia di compita e cara liberalitate è qui seguace.

CAPITOLO II

1. Nel cominciamento di ciascuno bene ordinato convivio sogliono li sergenti prendere lo pane apposito, e quello purgare da ogni macula. Per che io, che ne la presente scrittura tengo luogo di quelli, da due macule mondare intendo primieramente questa esposizione, che per pane si conta nel mio corredo. **2.** L'una è che parlare alcuno di sé medesimo pare non licito; l'altra è che parlare in esponendo troppo a fondo pare non ragionevole: e lo illicito e 'l non ragionevole lo coltello del mio giudicio purga in questa forma. **3.** Non si concede per li retorici alcuno di sé medesimo sanza necessaria cagione parlare, e da ciò è l'uomo rimosso, perché parlare d'alcuno non si può, che il parladore non lodi o non biasimi quelli di cui elli parla; le quali due cagioni rusticamente stanno, a far [dire] di sé, ne la bocca di ciascuno. **4.** E per levare un dubbio che qui surge, dico che peggio sta biasimare che lodare, avvegna che l'uno e l'altro non sia da fare. La ragione è che qualunque cosa è per sé da biasimare, è più laida che quella che è per accidente. **5.** Dispregiar sé medesimo è per sé biasimevole, però che a l'amico dee l'uomo lo suo difetto contare strettamente, e nullo è più amico che l'uomo a sé; onde ne la camera de' suoi pensieri sé medesimo riprender dee e piangere li suoi difetti, e non palese. **6.** Ancora: del non potere e del non sapere ben sé menare le più volte non è l'uomo vituperato, ma del non volere è sempre, perché nel volere e nel non volere nostro si giudica la malizia e la bontade; e però chi biasima sé medesimo appruova sé conoscere lo suo difetto, appruova sé non essere buono: per che, per sé, è da lasciare di parlare sé biasimando. **7.** Lodare sé è da fuggire sì come male per accidente, in quanto lodare non si può, che quella loda non sia maggiormente vituperio. È loda ne la punta de le parole, è vituperio chi cerca loro nel ventre: ché le parole sono fatte per mostrare quello che non si sa, onde chi loda sé mostra che non creda essere buono tenuto; che non li incontra sanza maliziata conscienza, la quale, sé lodando, discuopre e, discoprendo, si biasima. **8.** E ancora la propria loda e lo proprio biasimo è da fuggire per una ragione igualmente, sì come falsa testimonianza fare; però che non è uomo che sia di sé vero e giusto misuratore, tanto la propria caritate ne 'nganna. **9.** Onde avviene che ciascuno ha nel suo giudicio le misure del falso mercatante, che vende con l'una e compera con l'altra; e ciascuno con ampia misura cerca lo suo mal fare e con piccola cerca lo bene; sì che 'l numero e la quantità e 'l peso del bene li pare più che se con giusta misura fosse saggiato, e quello del male meno. **10.** Per che, parlando di sé con loda o col contrario, o dice falso per rispetto a la cosa di che parla; o dice falso per rispetto a la sua sentenza, c'ha l'una e l'altra falsitate. **11.** E però, con ciò sia cosa che lo consentire è uno confessare, villania fa chi loda o chi biasima dinanzi al viso alcuno, perché né consentire né negare puote lo così estimato sanza cadere in colpa di lodarsi o di biasimare: salva qui la via de la debita correzione, che essere non può sanza improperio del fallo che correggere s'intende; e salva la via del debito onorare e magnificare, la quale passar non si può sanza far menzione de l'opere virtuose, o de le dignitadi virtuosamente acquistate. **12.** Veramente, al principale intendimento tornando, dico, come è toccato di sopra, per necessarie cagioni lo parlare di sé è conceduto: e in tra l'altre necessarie cagioni due sono più manifeste. **13.** L'una è quando sanza ragionare di sé grande infamia o pericolo non si può cessare; e allora si concede, per la ragione che de li due sentieri prendere lo men reo è quasi prendere un buono. E questa necessitate mosse Boezio di sé medesimo a parlare, acciò che sotto pretesto di consolazione escusasse la perpetuale infamia del suo essilio, mostrando quello essere ingiusto, poi che altro escusatore non si levava. **14.** L'altra è quando, per ragionare di sé, grandissima utilitade ne segue altrui per via di dottrina; e questa ragione mosse Agustino ne le sue Confessioni a parlare di sé, ché per lo processo de la sua vita, lo quale fu di [non] buono in buono, e di buono in migliore, e di migliore in ottimo, ne diede essemplo e dottrina, la quale per sì vero testimonio ricevere non si potea. **15.** Per che se l'una e l'altra di queste ragioni mi scusa, sufficientemente lo pane del mio formento è purgato de la prima sua macula. Movemi timore d'infamia, e movemi disiderio di dottrina dare, la quale altri veramente dare non può. **16.** Temo la infamia di tanta passione avere seguita, quanta concepe chi legge le sopra nominate canzoni in me avere segnoreggiata; la quale infamia si cessa, per lo presente di me parlare, interamente, lo quale mostra che non passione ma vertù sia stata la movente cagione. **17.** Intendo anche mostrare la vera sentenza di quelle, che per alcuno vedere non si può s'io non la conto, perché è nascosa sotto figura d'allegoria: e questo non solamente darà diletto buono a udire, ma sottile ammaestramento e a così parlare e a così intendere l'altrui scritture.

CAPITOLO III

1. Degna di molta riprensione è quella cosa che, ordinata a torre alcuno difetto, per sé medesima quello induce; sì come quelli che fosse mandato a partire una rissa e, prima che partisse quella, ne iniziasse un'altra. **2.** E però che lo mio pane è purgato da una parte, convienlomi purgare da l'altra, per fuggire questa riprensione; ché lo mio scritto, che quasi comento dir si può, è ordinato a levar lo difetto de le canzoni sopra dette, ed esso per sé fia forse in parte alcuna un poco duro. La qual durezza, per fuggir maggiore difetto, non per ignoranza, è qui pensata. **3.** Ahi, piaciuto fosse al dispensatore de l'universo che la cagione de la mia scusa mai non fosse stata! ché né altri contra me avria fallato, né io sofferto avria pena ingiustamente, pena, dico, d'essilio e di povertate. **4.** Poi che fu piacere de li cittadini de la bellissima e famosissima figlia di Roma, Fiorenza, di gittarmi fuori del suo dolce seno - nel quale nato e nutrito fui in fino al colmo de la vita mia, e nel quale, con buona pace di quella, desidero con tutto lo cuore di riposare l'animo stancato e terminare lo tempo che m'è dato -, per le parti quasi tutte a le quali questa lingua si stende, peregrino, quasi mendicando, sono andato, mostrando contra mia voglia la piaga de la fortuna, che suole ingiustamente al piagato molte volte essere imputata. **5.** Veramente io sono stato legno sanza vela e sanza governo, portato a diversi porti e foci e liti dal vento secco che vapora la dolorosa povertade; e sono apparito a li occhi a molti che forseché per alcuna fama in altra forma m'aveano imaginato, nel conspetto de' quali non solamente mia persona invilio, ma di minor pregio si fece ogni opera, sì già fatta, come quella che fosse a fare. **6.** La ragione per che ciò incontra - non pur in me, ma in tutti - brievemente or qui piace toccare: e prima, perché la stima oltre la veritade si sciampia; e poi, perché la presenzia oltre la veritade stringe. **7.** La fama buona principalmente è generata da la buona operazione ne la mente de l'amico, e da quella è prima partorita; ché la mente del nemico, avvegna che riceva lo seme, non concepe. **8.** Quella mente che prima la partorisce, sì per far più ornato lo suo presente, sì per la caritade de l'amico che lo riceve non si tiene a li termini del vero, ma passa quelli. E quando per ornare ciò che dice li passa, contra conscienza parla; quando inganno di caritade li fa passare, non parla contra essa. **9.** La seconda mente che ciò riceve, non solamente a la dilatazione de la prima sta contenta, ma 'l suo riportamento, sì come qu[as]i suo effetto, procura d'adornare; e sì, che per questo fare e per lo 'nganno che riceve de la caritade in lei generata, quella più ampia fa che a lei non viene, e con concordia e con discordia di conscienza come la prima. E questo fa la terza ricevitrice e la quarta, e così in infinito si dilata. **10.** E così, volgendo le cagioni sopra dette ne le contrarie, si può vedere la ragione de la infamia, che simigliantemente si fa grande. Per che Virgilio dice nel quarto de lo Eneida che la Fama vive per essere mobile, e acquista grandezza per andare. **11.**

Apertamente adunque veder può chi vuole che la imagine per sola fama generata sempre è più ampia, quale che essa sia, che non è la cosa imaginata nel vero stato.

CAPITOLO IV

1. Mostrata ragione innanzi per che la fama dilata lo bene e lo male oltre la vera quantità, resta in questo capitolo a mostrar quelle ragioni che fanno vedere perché la presenza ristringe per opposito; e mostrate quelle, si verrà lievemente al principale proposito, cioè de la sopra notata scusa. **2.** Dico adunque che per tre cagioni la presenza fa la persona di meno valore ch'ella non è: l'una de le quali è puerizia, non dico d'etate ma d'animo; la seconda è invidia, - e queste sono ne lo giudicatore -; la terza è l'umana impuritade, e questa è ne lo giudicato. La prima si può brievemente così ragionare. **3.** La maggiore parte de li uomini vivono secondo senso e non secondo ragione, a guisa di pargoli; e questi cotali non conoscono le cose se non semplicemente di fuori, e la loro bontade, la quale a debito fine è ordinata, non veggiono, per ciò che hanno chiusi li occhi de la ragione, li quali passano a veder quello. Onde tosto veggiono tutto ciò che ponno, e giudicano secondo la loro veduta. **4.** E però che alcuna oppinione fanno ne l'altrui fama per udita, da la quale ne la presenza si discorda lo imperfetto giudicio che non secondo ragione ma secondo senso giudica solamente, quasi menzogna reputano ciò che prima udito hanno, e dispregiano la persona prima pregiata. **5.** Onde appo costoro, che sono, ohmè, quasi tutti, la presenza ristringe l'una e l'altra qualitade. Questi cotali tosto sono vaghi e tosto sono sazii, spesso sono lieti e spesso tristi di brievi dilettazioni e tristizie, tosto amici e tosto nemici; ogni cosa fanno come pargoli, sanza uso di ragione. **6.** La seconda si vede per queste ragioni: che paritade ne li viziosi è cagione d'invidia, e invidia è cagione di mal giudicio, però che non lascia la ragione argomentare per la cosa invidiata, e la potenza giudicativa è allora quel giudice che ode pur l'una parte. **7.** Onde quando questi cotali veggiono la persona famosa, incontanente sono invidi, però che veggiono a s[é] pari membra e pari potenza, e temono, per la eccellenza di quel cotale, meno esser pregiati. **8.** E questi non solamente passionati mal giudicano, ma, diffamando, fanno a li altri mal giudicare; per che appo costoro la presenza ristringe lo bene e lo male in ciascuno appresentato: e dico lo male, perché molti, dilettandosi ne le male operazioni, hanno invidia a' mali operatori. **9.** La terza si è l'umana impuritade, la quale si prende da la parte di colui ch'è giudicato, e non è sanza familiaritade e conversazione alcuna. Ad evidenza di questa, è da sapere che l'uomo è da più parti maculato, e, come dice Agustino, "nullo è sanza macula". **10.** Quando è l'uomo maculato d'una passione, a la quale tal volta non può resistere; quando è maculato d'alcuno disconcio membro; e quando è maculato d'alcuno colpo di fortuna; e quando è maculato d'infamia di parenti o d'alcuno suo prossimo: le quali cose la fama non porta seco ma la presenza, e discuoprele per sua conversazione. **11.** E queste macule alcuna ombra gittano sopra la chiarezza de la bontade, sì che la fanno parere men chiara e men valente. E questo è quello per che ciascuno profeta è meno onorato ne la sua patria; questo è quello per che l'uomo buono dee la sua presenza dare a pochi e la familiaritade dare a meno, acciò che 'l nome suo sia ricevuto, ma non spregiato. **12.** E questa terza cagione può essere così nel male come nel bene, se le cose de la sua ragione si volgano ciascuna in suo contrario. Per che manifestamente si vede che per impuritade, sanza la quale non è alcuno, la presenza ristringe lo bene e lo male in ciascuno più che 'l vero non vuole. **13.** Onde con ciò sia cosa che, come detto è di sopra, io mi sia quasi a tutti li Italici appresentato, per che fatto mi sono più vile forse che 'l vero non vuole non solamente a quelli a li quali mia fama era già corsa, ma eziandio a li altri, onde le mie cose sanza dubbio meno sono alleviate; conviemmi che con più alto stilo dea, ne la presente opera, un poco di gravezza, per la quale paia di maggiore autoritade. E questa scusa basti a la fortezza del mio comento.

CAPITOLO V

1. Poi che purgato è questo pane da le macule accidentali, rimane ad escusare lui da una sustanziale, cioè da l'essere vulgare e non latino; che per similitudine dire si può di biado e non di frumento. **2.** E da ciò brievemente lo scusano tre ragioni, che mossero me ad eleggere innanzi questo che l'altro: l'una si muove da cautela di disconvenevole ordinazione; l'altra da prontezza di liberalitate; la terza da lo naturale amore a propria loquela. **3.** E queste cose per sue ragioni, a sodisfacimento di ciò che riprendere si potesse per la notata ragione, intendo per ordine ragionare in questa forma. **4.** Quella cosa che più adorna e commenda l'umana operazione, e che più dirittamente a buon fine la mena, sì è l'abito di quelle disposizioni che sono ordinate a lo inteso fine; sì com'è ordinata al fine de la cavalleria franchezza d'animo e fortezza di corpo. **5.** E così colui che è ordinato a l'altrui servigio dee avere quelle disposizioni che sono a quello fine ordinate, sì come subiezione, conoscenza, e obedienza, sanza le quali è ciascuno disordinato a ben servire; perché, s'elli non è subietto in ciascuna condizione, sempre con fatica e con gravezza procede nel suo servigio e rade volte quello continua; e se elli non è [conoscente.....................................; e se elli non è] obediente, non serve mai se non a suo senno e a suo volere, che è più servigio d'amico che di servo. **6.** Dunque, a fuggire questa disordinazione, conviene questo comento, che è fatto invece di servo a le 'nfrascritte canzoni, esser subietto a quelle in ciascuna sua ordinazione, ed essere conoscente del bisogno del suo signore e a lui obediente. **7.** Le quali disposizioni tutte li mancavano, se latino e non volgare fosse stato, poi che le canzoni sono volgari. Ché, primamente, non era subietto ma sovrano, e per la [sua] nobilità e per vertù e per bellezza. Per nobilità, perché lo latino è perpetuo e non corruttibile, e lo volgare è non stabile e corruttibile. **8.** Onde vedemo ne le scritture antiche de le comedie e tragedie latine, che non si possono transmutare, quello medesimo che oggi avemo; che non avviene del volgare, lo quale a piacimento artificiato si transmuta. **9.** Onde vedemo ne le cittadi d'Italia, se bene volemo agguardare, da cinquanta anni in qua molti vocabuli essere spenti e nati e variati; onde se 'l picciol tempo così transmuta, molto più transmuta lo maggiore. Sì ch'io dico, che se coloro che partiron d'esta vita già sono mille anni tornassero a le loro cittadi, crederebbero la loro cittad essere occupata da gente strana, per la lingua da loro discordante. **10.** Di questo si parlerà altrove più compiutamente in uno libello ch'io intendo di fare, Dio concedente, di Volgare Eloquenza. **11.** Ancora, non era subietto ma sovrano per vertù. Ciascuna cosa è virtuosa in sua natura che fa quello a che ella è ordinata; e quanto meglio lo fa tanto è più virtuosa. Onde dicemo uomo virtuoso, che vive in vita contemplativa o attiva, a le quali è ordinato naturalmente; dicemo del cavallo virtuoso che corre forte e molto, a la qual cosa è ordinato; dicemo una spada virtuosa che ben taglia le dure cose, a che essa è ordinata. **12.** Così lo sermone, lo quale è ordinato a manifestare lo concetto umano, è virtuoso quando quello fa, e più virtuoso quello che più lo fa; onde, con ciò sia cosa che lo latino molte cose manifesta concepute ne la mente che lo volgare far non può, sì come sanno quelli che hanno l'uno e l'altro sermone, più è la vertù sua che quella del volgare. **13.** Ancora, non era subietto ma sovrano per bellezza. Quella cosa dice l'uomo essere bella, cui le parti debitamente si rispondono, per che de la loro armonia resulta piacimento. Onde pare l'uomo essere bello, quando le sue membra debitamente si rispondono; e dicemo bello lo canto, quando le voci di quello, secondo debito de l'arte, sono intra sé rispondenti. **14.** Dunque quello sermone è più bello, ne lo quale più debitamente si rispondono [le parole; e più debitamente si rispondono] in latino che in volgare, però che lo volgare seguita uso, e lo latino arte: onde concedesi esser più bello, più virtuoso e più nobile. **15.** Per che si conchiude lo principale intendimento, cioè che non sarebbe stato subietto a le canzoni, ma sovrano.

CAPITOLO VI

1. Mostrato come lo presente comento non sarebbe stato subietto a le canzoni volgari se fosse stato latino, resta a mostrare come non sarebbe stato conoscente, né obediente a quelle; e poi sarà conchiuso come per cessare disconvenevoli disordinazioni fu mestiere volgarmente parlare. **2.** Dico che 'l latino non sarebbe stato servo conoscente al signore volgare per cotal ragione. La conoscenza del servo si richiede massimamente a due cose perfettamente conoscere. **3.** L'una si è la natura del signore: onde sono signori di sì asinina natura che comandano lo contrario di quello che vogliono, e altri che sanza dire vogliono essere intesi, e altri che non vogliono che 'l servo si muova a fare quello ch'è mestiere se nol comandano. **4.** E perché queste variazioni sono ne li uomini non intendo al presente mostrare, che troppo multiplicherebbe la digressione; se non in tanto, che dico in genere che cotali sono quasi bestie, a li quali la ragione fa poco prode. Onde, se 'l servo non conosce la natura del suo signore, manifesto è che perfettamente servire nol può. **5.** L'altra cosa è che si conviene conoscere al servo, li amici del suo signore, ché altrimenti non li potrebbe onorare né servire, e così non servirebbe perfettamente lo suo signore; con ciò sia cosa che li amici siano quasi parti d'un tutto, però che 'l tutto loro è uno volere e uno non volere. **6.** Né lo comento latino avrebbe avuta la conoscenza di queste cose, che l'ha 'l volgare medesimo. Che lo latino non sia conoscente del volgare e de' suoi amici, così si pruova. Quelli che conosce alcuna cosa in genere, non conosce quella perfettamente; sì come, se conosce da lungi uno animale, non conosce quello perfettamente, perché non sa se s'è cane o lupo o becco. **7.** Lo latino conosce lo volgare in genere, ma non distinto: che se esso lo conoscesse distinto, tutti li volgari conoscerebbe, perché non è ragione che l'uno più che l'altro conoscesse; e così in qualunque uomo fosse tutto l'abito del latino, sarebbe l'abito di conoscenza distinto de lo volgare. **8.** Ma questo non è; ché uno abituato di latino non distingue, s'elli è d'Italia, lo volgare [inghilese] da lo tedesco; né, lo tedesco, lo volgare italico dal provenzale. Onde è manifesto che lo latino non è conoscente de lo volgare. **9.** Ancora, non è conoscente de' suoi amici, però ch'è impossibile conoscere li amici, non conoscendo lo principale; onde, se non conosce lo latino lo volgare, come provato è di sopra, impossibile è a lui conoscere li suoi amici. **10.** Ancora, sanza conversazione o familiaritade impossibile è a conoscere li uomini: e lo latino non ha conversazione con tanti in alcuna lingua con quanti ha lo volgare di quella, al quale tutti sono amici; e per consequente non può conoscere li amici del volgare. **11.** E non è contradizione ciò che dire si potrebbe, che lo latino pur conversa con alquanti amici de lo volgare: ché però non è familiare di tutti, e così non è conoscente de li amici perfettamente; però che si richiede perfetta conoscenza, e non difettiva.

CAPITOLO VII

1. Provato che lo comento latino non sarebbe stato servo conoscente, dirò come non sarebbe stato obediente. **2.** Obediente è quelli che ha la buona disposizione che si chiama obedienza. La vera obedienza conviene avere tre cose, sanza le quali essere non può: vuole essere dolce e non amara; e comandata interamente, e non spontanea; e con misura, e non dismisurata. **3.** Le quali tre cose era impossibile ad avere lo latino comento, e però era impossibile ad essere obediente. Che a lo latino fosse stato impossibile, come detto è, si manifesta per cotale ragione. **4.** Ciascuna cosa che da perverso ordine procede è laboriosa, e per consequente è amara e non dolce, sì come dormire lo die e vegghiare la notte, e andare indietro e non innanzi. Comandare lo subietto a lo sovrano procede da ordine perverso - ché ordine diritto è lo sovrano a lo subietto comandare -, e così è amaro, e non dolce. E però che a l'amaro comandamento è impossibile dolcemente obedire, impossibile è, quando lo subietto comanda, la obedienza del sovrano essere dolce. **5.** Dunque se lo latino è sovrano del volgare, come di sopra per più ragioni è mostrato, e le canzoni, che sono in persona di comandatore, sono volgari, impossibile è sua ragione esser dolce. **6.** Ancora: allora è la obedienza interamente comandata e da nulla parte spontanea, quando quello che fa obediendo non averebbe fatto sanza comandamento, per suo volere, né tutto né in parte. **7.** E però se a me fosse comandato di portare due guarnacche in dosso, e sanza comandamento io mi portasse l'una, dico che la mia obedienza non è interamente comandata, ma in parte spontanea. E cotale sarebbe stata quella del comento latino; e per consequente non sarebbe stata obedienza comandata interamente. **8.** Che fosse stata cotale, appare per questo: che lo latino sanza lo comandamento di questo signore averebbe esposite molte parti de la sua sentenza - ed espone, chi cerca bene le scritture latinamente scritte - che non lo fa lo volgare in parte alcuna. **9.** Ancora: è l'obedienza con misura e non dismisurata, quando al termine del comandamento va, e non più oltre: sì come la natura particulare è obediente a la universale, quando fa trentadue denti a l'uomo, e non più né meno; e quando fa cinque dita ne la mano, e non più né meno; e l'uomo è obediente a la giustizia [quando fa quello, e non più né meno, che la giustizia] comanda, al peccatore. **10.** Né questo averebbe fatto lo latino, ma peccato averebbe non pur nel difetto e non pur nel soperchio, ma in ciascuno; e così non sarebbe stata la sua obedienza misurata, ma dismisurata, e per consequente non sarebbe stato obediente. **11.** Che non fosse stato lo latino empitore del comandamento del suo signore, e che ne fosse stato soperchiatore, leggiermente si può mostrare. Questo signore, cioè queste canzoni, a le quali questo comento è per servo ordinato, comandano e vogliono essere disposte a tutti coloro a li quali puote venire sì lo loro intelletto, che quando parlano elle siano intese; e nessuno dubita, che s'elle comandassero a voce, che questo non fosse lo loro comandamento. **12.** E lo latino non l'averebbe esposte se non a' litterati, ché li altri non l'averebbero inteso. Onde con ciò sia cosa che molti più siano quelli che desiderano intendere quelle non litterati che litterati, seguitasi che non averebbe pieno lo suo comandamento come 'l volgare, che da li litterati e non litterati è inteso. **13.** Anche, lo latino l'averebbe esposte a gente d'altra lingua, sì come a Tedeschi e Inghilesi e altri, e qui averebbe passato lo loro comandamento; ché contra loro volere, largo parlando dico, sarebbe, essere esposta la loro sentenza colà dov'elle non la potessero con la loro bellezza portare. **14.** E però sappia ciascuno che nulla cosa per legame musaico armonizzata si può de la sua loquela in altra transmutare, sanza rompere tutta sua dolcezza e armonia. **15.** E questa è la cagione per che Omero non si mutò di greco in latino, come l'altre scritture che avemo da loro. E questa è la cagione per che li versi del Salterio sono sanza dolcezza di musica e d'armonia; ché essi furono transmutati d'ebreo in greco e di greco in latino, e ne la prima transmutazione tutta quella dolcezza venne meno. **17.** E così è conchiuso ciò che si promise nel principio del capitolo dinanzi a questo immediate.

CAPITOLO VIII

1. Quando è mostrato per le sufficienti ragioni come, per cessare disconvenevoli disordinamenti, converrebbe, [a le] nominate canzoni aprire e mostrare, comento volgare e non latino, mostrare intendo come ancora pronta liberalitate mi fece questo eleggere e l'altro lasciare. **2.** Puotesi adunque la pronta liberalitate in tre cose notare, le quali seguitano questo volgare, e lo latino non averebbero seguitato. La prima è dare a molti; la seconda è dare utili cose; la terza è, sanza essere domandato lo dono, dare quello. **3.** Ché dare a uno e giovare a uno è bene; ma dare a molti e giovare a molti è pronto bene, in quanto prende simiglianza da li benefici di Dio, che è universalissimo benefattore. **4.** E ancora, dare a molti è impossibile sanza dare a uno, acciò che uno in molti sia inchiuso; ma dare a uno si può bene, sanza dare a molti. Però chi giova a molti fa l'uno bene e l'altro; chi giova a uno, fa pur un bene: onde vedemo li ponitori de le leggi massimamente pur a li più comuni beni tenere confisi li occhi, quelle componendo. **5.** Ancora, dare cose non utili al prenditore pure è bene, in quanto colui che dà mostra almeno sé essere amico; ma non è perfetto bene, e così non è pronto: come quando uno cavaliere donasse ad uno medico uno scudo, e quando uno medico donasse a uno cavaliere inscritti li Aphorismi d'Ipocras ovvero li Tegni di Galieno. Per che li savi dicono che la faccia del dono dee essere simigliante a quella del ricevente, cioè a dire che si convegna con lui, e che sia utile: e in quello è detta pronta liberalitade di colui che così dicerne donando. **6.** Ma però che li morali ragionamenti sogliono dare desiderio di vedere l'origine loro, brevemente in questo capitolo intendo mostrare quattro ragioni, per che di necessitade lo dono, acciò che in quello sia pronta liberalitade, conviene essere utile a chi riceve. **7.** Primamente, però che la vertù dee essere lieta, e non trista in alcuna sua operazione; onde, se 'l dono non è lieto nel dare e nel ricevere, non è in esso perfetta vertù, non è pronta. Questa letizia non può dare altro che utilitade, che rimane nel datore per lo dare, e che viene nel ricevitore per ricevere. **8.** Nel datore adunque dee essere la providenza in far sì che de la sua parte rimagna l'utilitade de l'onestate, ch'è sopra ogni utilitade, e far sì che a lo ricevitore vada l'utilitade de l'uso de la cosa donata; e così sarà l'uno e l'altro lieto, e per consequente sarà più pronta la liberalitade. **9.** Secondamente, però che la vertù dee muovere le cose sempre al migliore. Ché così come sarebbe biasimevole operazione fare una zappa d'una bella spada o fare un bel nappo d'una bella chitarra, così è biasimevole muover la cosa d'un luogo dove sia utile e portarla in parte dove sia meno utile. **10.** E però che biasimevole è invano adoperare, biasimevole è non solamente a porre la cosa in parte dove sia meno utile, ma eziandio in parte ove sia igualmente utile. **11.** Onde, acciò che sia laudabile lo mutare de le cose, conviene sempre essere [al] migliore, per ciò che dee massimamente essere laudabile: e questo non [si] può fare nel dono, se 'l dono per transmutazione non viene più caro; né più caro può venire, se esso non è più utile ad usare al ricevitore che al datore. Per che si conchiude che 'l dono conviene essere utile a chi lo riceve, acciò che sia in esso pronta liberalitade. **12.** Terziamente, però che la operazione de la vertù per sé dee essere acquistatrice d'amici; con ciò sia cosa che la nostra vita di quello abbisogni, e lo fine de la vertù sia la nostra vita essere contenta. Onde acciò che 'l dono faccia lo ricevitore amico, conviene a lui essere utile, però che l'utilitade sigilla la memoria de la imagine del dono, l[a] quale è nutrimento de l'amistade; e tanto più forte, quanto essa è migliore. **13.** Onde suole dire Martino: "non caderà de la mia mente lo dono che mi fece Giovanni". Per che, acciò che nel dono sia la sua vertù, la quale è liberalitade, e che essa sia pronta, conviene essere utile a chi riceve. **14.** Ultimamente, però che la vertù dee avere atto libero e non sforzato. Atto libero è quando una persona va volentieri ad alcuna parte, che si mostra nel tener volto lo viso in quella; atto sforzato è quando contra voglia si va, che si mostra in non guardare ne la parte dove si va. **15.** E allora sì guarda lo dono a quella parte, quando si dirizza al bisogno de lo ricevente. E però che dirizzarsi ad esso non si può se non sia utile, conviene, acciò che sia con atto libero la vertù, essere [utile] lo dono a la parte ov'elli vae, ch'è lo ricevitore; e per consequente conviene essere ne lo dono l'utilità de lo ricevitore, acciò che quinci sia pronta liberalitade. **16.** La terza cosa, ne la quale si può notare la pronta liberalitade, si è dare non domandato: acciò che 'l domandato è da una parte non vertù ma mercatantia, però che lo ricevitore compera, tutto che 'l datore non venda. Per che dice Seneca che "nulla cosa più cara si compera che quella dove i prieghi si spendono". **17.** Onde acciò che nel dono sia pronta liberalitade e che essa si possa in esso notare, a[nc]ora si conviene esser netto d'ogni atto di mercatantia, conviene esser lo dono non domandato. **18.** Perché sì caro costa quello che si priega, non intendo qui ragionare, perché sufficientemente si ragionerà ne l'ultimo trattato di questo libro.

CAPITOLO IX

1. Da tutte le tre sopra notate condizioni, che convegnono concorrere acciò che sia nel beneficio la pronta liberalitade, era lo comento latino [lontano], e lo volgare è con quelle, sì come si può manifestamente così contare. **2.** Non avrebbe lo latino così servito a molti: ché se noi reducemo a memoria quello che di sovra è ragionato, li litterati fuori di lingua italica non avrebbono potuto avere questo servigio, e quelli di questa lingua, se noi volemo bene vedere chi sono, troveremo che de' mille l'uno ragionevolmente non sarebbe stato servito; però che non l'averebbero ricevuto, tanto sono pronti ad avarizia che da ogni nobilitade d'animo li rimuove, la quale massimamente desidera questo cibo. **3.** E a vituperio di loro dico che non si deono chiamare litterati, però che non acquistano la lettera per lo suo uso, ma in quanto per quella guadagnano denari o dignitate; sì come non si dee chiamare citarista chi tiene la cetera in casa per prestarla per prezzo, e non per usarla per sonare. **4.** Tornando dunque al principale proposito, dico che manifestamente si può vedere come lo latino averebbe a pochi dato lo suo beneficio, ma lo volgare servirà veramente a molti. **5.** Ché la bontà de l'animo, la quale questo servigio attende, è in coloro che per malvagia disusanza del mondo hanno lasciata la litteratura a coloro che l'hanno fatta di donna meretrice; e questi nobili sono principi, baroni, cavalieri, e molt'altra nobile gente, non solamente maschi ma femmine, che sono molti e molte in questa lingua, volgari, e non litterati. **6.** Ancora, non sarebbe lo latino stato datore d'utile dono, che sarà lo volgare. Però che nulla cosa è utile, se non in quanto è usata, né è la sua bontade in potenza, che non è essere perfettamente; sì come l'oro, le margarite e li altri tesori che sono sotterrati ....; però che quelli che sono a mano de l'avaro sono in più basso loco che non è la terra là dove lo tesoro è nascosto. **7.** Lo dono veramente di questo comento è la sentenza de le canzoni a le quali fatto è, la qual massimamente intende inducere li uomini a scienza e a vertù, sì come si vedrà per lo pelago del loro trattato. **8.** Questa sentenza non possono non avere in uso quelli ne li quali vera nobilità è seminata per lo modo che si dirà nel quarto trattato; e questi sono quasi tutti volgari, sì come sono quelli nobili che di sopra, in questo capitolo, sono nominati. **9.** E non ha contradizione perché alcuno litterato sia di quelli; ché, sì come dice il mio maestro Aristotile nel primo de l'Etica, "una rondine non fa primavera". È adunque manifesto che lo volgare darà cosa utile, e lo latino non l'averebbe data. **10.** Ancora, darà lo volgare dono non dimandato, che non l'averebbe dato lo latino: però che darà sé medesimo per comento, che mai non fu domandato da persona; e questo non si può dire de lo latino, che per comento e per chiose a molte scritture è già stato domandato, sì come ne' loro principii si può vedere apertamente in molte. **11.** E così è manifesto che pronta liberalitade mi mosse al volgare anzi che a lo latino.

CAPITOLO X

1. Grande vuole essere la scusa, quando a così nobile convivio per le sue vivande, a così onorevole per li suoi convitati, s'appone pane di biado e non di frumento; e vuole essere evidente ragione che partire faccia l'uomo da quello che per li altri è stato servato lungamente, sì come di comentare con latino. **2.** E però vuole essere manifesta la ragione, che de le nuove cose lo fine non è certo; acciò che la esperienza non è mai avuta onde le cose usate e servate sono e nel processo e nel fine commisurate. **3.** Però si mosse la Ragione a comandare che l'uomo avesse diligente riguardo ad entrare nel nuovo cammino, dicendo che "ne lo statuire le nuove cose evidente ragione dee essere quella che partire ne faccia da quello che lungamente è usato". **4.** Non si maravigli dunque alcuno se lunga è la digressione de la mia scusa, ma, sì come necessaria, la sua lunghezza paziente sostenga. **5.** La quale proseguendo, dico che - poi ch'è manifesto come per cessare disconvenevole disordinazione e come per prontezza di liberalitade io mi mossi al volgare comento e lasciai lo latino - l'ordine de la intera scusa vuole ch'io mostri come a ciò mi mossi per lo naturale amore de la propria loquela; che è la terza e l'ultima ragione che a ciò mi mosse. **6.** Dico che lo naturale amore principalmente muove l'amatore a tre cose: l'una si è a magnificare l'amato; l'altra è ad esser geloso di quello; l'altra è a difendere lui, sì come ciascuno può vedere continuamente avvenire. E queste tre cose mi fecero prendere lui, cioè lo nostro volgare, lo qual naturalmente e accidentalmente amo e ho amato. **7.** Mossimi prima per magnificare lui. E che in ciò io lo magnifico, per questa ragione vedere si può: avvegna che per molte condizioni di grandezze le cose si possono magnificare, cioè fare grandi, e nulla fa tanto grande quanto la grandezza de la propia bontade, la quale è madre e conservatrice de l'altre grandezze. **8.** Onde nulla grandezza puote avere l'uomo maggiore che quella de la virtuosa operazione, che è sua propia bontade; per la quale le grandezze de le vere dignitadi, de li veri onori, de le vere potenze, de le vere ricchezze, de li veri amici, de la vera e chiara fama, e acquistate e conservate sono. **9.** E questa grandezza do io a questo amico, in quanto quello elli di bontade avea in podere e occulto, io lo fo avere in atto e palese ne la sua propria operazione, che è manifestare conceputa sentenza. **10.** Mossimi secondamente per gelosia di lui. La gelosia de l'amico fa l'uomo sollicito a lunga provedenza. Onde pensando che lo desiderio d'intendere queste canzoni, a alcuno illitterato avrebbe fatto lo comento latino transmutare in volgare, e temendo che 'l volgare non fosse stato posto per alcuno che l'avesse laido fatto parere, come fece quelli che transmutò lo latino de l'Etica - ciò fu Taddeo ipocratista -, providi a ponere lui, fidandomi di me di più che d'un altro. **11.** Mossimi ancora per difendere lui da molti suoi accusatori, li quali dispregiano esso e commendano li altri, massimamente quello di lingua d'oco, dicendo che è più bello e migliore quello che questo; partendose in ciò da la veritade. **12.** Ché per questo comento la gran bontade del volgare di sì [si vedrà]; però che si vedrà la sua vertù, sì com'è per esso altissimi e novissimi concetti convenevolmente, sufficientemente e acconciamente, quasi come per esso latino, manifestare; [la quale non si potea bene manifestare] ne le cose rimate, per le accidentali adornezze che quivi sono connesse, cioè la rima e lo ri[ti]mo e lo numero regolato: sì come non si può bene manifestare la bellezza d'una donna, quando li adornamenti de l'azzimare e de le vestimenta la fanno più ammirare che essa medesima. **13.** Onde chi vuole ben giudicare d'una donna, guardi quella quando solo sua naturale bellezza si sta con lei, da tutto accidentale adornamento discompagnata: sì come sarà questo comento, nel quale si vedrà l'agevolezza de le sue sillabe, le proprietadi de le sue co[stru]zioni e le soavi orazioni che di lui si fanno; le quali chi bene agguarderà, vedrà essere piene di dolcissima e d'amabilissima bellezza. **14.** Ma però che virtuosissimo è, ne la 'ntenzione mostrare lo difetto e la malizia de lo accusatore, dirò, a confusione di coloro che accusano la italica loquela, perché a ciò fare si muovono; e di ciò farò al presente speziale capitolo, perché più notevole sia la loro infamia.

CAPITOLO XI

1. A perpetuale infamia e depressione de li malvagi uomini d'Italia, che commendano lo volgare altrui e lo loro proprio dispregiano, dico che la loro mossa viene da cinque abominevoli cagioni. **2.** La prima è cechitade di discrezione; la seconda, maliziata escusazione; la terza, cupidità di vanagloria; la quarta, argomento d'invidia; la quinta e ultima, viltà d'animo, cioè pusillanimità. E ciascuna di queste retadi ha sì grande setta che pochi sono quelli che siano da esse liberi. **3.** De la prima si può così ragionare. Sì come la parte sensitiva de l'anima ha suoi occhi, con li quali apprende la differenza de le cose in quanto elle sono di fuori colorate, così la parte razionale ha suo occhio, con lo quale apprende la differenza de le cose in quanto sono ad alcuno fine ordinate: e questa è la discrezione. **4.** E sì come colui che è cieco de li occhi sensibili va sempre secondo che li altri giudicando lo male e lo bene, così colui che è cieco del lume della discrezione sempre va nel suo giudicio secondo il grido, o diritto o falso; onde qualunque ora lo guidatore è cieco, conviene che esso e quello, anche cieco, ch'a lui s'appoggia, vegnano a mal fine. Però è scritto che "'l cieco al cieco farà guida, e così cadranno ambedue ne la fossa". **5.** Questa grida è stata lungamente contro a nostro volgare, per le ragioni che di sotto si ragioneranno, appresso di questa. E li ciechi sopra notati, che sono quasi infiniti, con la mano in su la spalla a questi mentitori, sono caduti ne la fossa de la falsa oppinione, de la quale uscire non sanno. **6.** De l'abito di questa luce discretiva massimamente le populari persone sono orbate; però che, occupate dal principio de la loro vita ad alcuno mestiere, dirizzano sì l'animo loro a quello per forza de la necessitate, che ad altro non intendono. **7.** E però che l'abito di vertude, sì morale come intellettuale, subitamente avere non si può, ma conviene che per usanza s'acquisti, ed ellino la loro usanza pongono in alcuna arte e a discernere l'altre cose non curano, impossibile è a loro discrezione avere. **8.** Per che incontra che molte volte gridano Viva la loro morte, e Muoia la loro vita, pur che alcuno cominci; e quest'è pericolosissimo difetto ne la loro cechitade. Onde Boezio giudica la populare gloria vana, perché la vede sanza discrezione. **9.** Questi sono da chiamare pecore, e non uomini; ché se una pecora si gittasse da una ripa di mille passi, tutte l'altre l'andrebbero dietro; e se una pecora per alcuna cagione al passare d'una strada salta, tutte l'altre saltano, eziandio nulla veggendo da saltare. **10.** E io ne vidi già molte in uno pozzo saltare per una che dentro vi saltò, forse credendo saltare uno muro, non ostante che 'l pastore, piangendo e gridando, con le braccia e col petto dinanzi a esse si parava. **11.** La seconda setta contra nostro volgare si fa per una maliziata scusa. Molti sono che amano più d'essere tenuti maestri che d'essere, e per fuggir lo contrario, cioè di non esser tenuti, sempre danno colpa a la materia de l'arte apparecchiata, o vero a lo strumento; sì come lo mal fabbro biasima lo ferro appresentato a lui, e lo malo citarista biasima la cetera, credendo dare la colpa del mal coltello e del mal sonare al ferro e alla cetera, e levarla a sé. **12.** Così sono alquanti, e non pochi, che vogliono che l'uomo li tegna dicitori; e per scusarsi dal non dire o dal dire male accusano e incolpano la materia, cioè lo volgare proprio, e commendano l'altro lo quale non è loro richesto di fabbricare. **13.** E chi vuole vedere come questo ferro è da biasimare, guardi che opere ne fanno li buoni artefici, e conoscerà la malizia di costoro che, biasimando lui, si credono scusare. **14.** Contra questi cotali grida Tullio nel principio d'un suo libro, che si chiama Libro di Fine de' Beni, però che al suo tempo biasimavano lo latino romano e commendavano la gramatica greca, per simiglianti cagioni che questi fanno vile lo parlare italico e prezioso quello di Provenza. **15.** La terza setta contra nostro volgare si fa per cupiditate di vanagloria. Sono molti che per ritrarre cose poste in altrui lingua e commendare quella, credono più essere ammirati che ritraendo quelle de la sua. E sanza dubbio non è sanza loda d'ingegno apprendere bene la lingua strana; ma biasimevole è commendare quella oltre a la verità, per farsi glorioso di tale acquisto. **16.** La quarta si fa da uno argomento d'invidia. Sì come è detto di sopra, la invidia è sempre dove è alcuna paritade. Intra li uomini d'una lingua è la paritade del volgare; e perché l'uno quella non sa usare come l'altro, nasce invidia. **17.** Lo invidioso poi argomenta, non biasimando colui che dice di non saper dire, ma biasima quello che è materia de la sua opera, per torre, dispregiando l'opera da quella parte, a lui che dice onore e fama; sì come colui che biasimasse lo ferro d'una spada, non per biasimo dare al ferro, ma a tutta l'opera del maestro. **18.** La quinta e ultima setta si muove da viltà d'animo. Sempre lo magnanimo si magnifica in suo cuore, e così lo pusillanimo, per contrario, sempre si tiene meno che non è. **19.** E perché magnificare e parvificare sempre hanno rispetto ad alcuna cosa, per comparazione a la quale si fa lo magnanimo grande e lo pusillanimo piccolo, avviene che 'l magnanimo sempre fa minori li altri che non sono, e lo pusillanimo sempre maggiori. **20.** E però che con quella misura che l'uomo misura sé medesimo, misura le sue cose, che sono quasi parte di sé medesimo, avviene che al magnanimo le sue cose sempre paiono migliori che non sono, e l'altrui men buone: lo pusillanimo sempre le sue cose crede valere poco, e l'altrui assai. **21.** Onde molti per questa viltade dispregiano lo proprio volgare, e l'altrui pregiano: e tutti questi cotali sono li abominevoli cattivi d'Italia che hanno a vile questo prezioso volgare, lo quale, s'è vile in alcuna [cosa], non è se non in quanto elli suona ne la bocca meretrice di questi adulteri; a lo cui condutto vanno li ciechi de li quali ne la prima cagione feci menzione.

CAPITOLO XII

1. Se manifestamente per le finestre d'una casa uscisse fiamma di fuoco, e alcuno dimandasse se là dentro fosse il fuoco, e un altro rispondesse a lui di sì, non saprei bene giudicare qual di costoro fosse da schernire di più. E non altrimenti sarebbe fatta la dimanda e la risposta di colui e di me, che mi domandasse se amore a la mia loquela propria è in me e io li rispondesse di sì, appresso le su proposte ragioni. **2.** Ma tuttavia, e a mostrare che non solamente amore ma perfettissimo amore di quella è in me, e a biasimare ancora li suoi avversarii ciò mostrando a chi bene intenderà, dirò come a lei fui fatto amico, e poi come l'amistà è confermata. **3.** Dico che, sì come vedere si può che s[crive] Tullio in quello De Amicitia, non discordando da la sentenza del Filosofo aperta ne l'ottavo e nel nono de l'Etica, naturalmente la prossimitade e la bontade sono cagioni d'amore generative; lo beneficio, lo studio e la consuetudine sono cagioni d'amore accrescitive.

E tutte queste cagioni vi sono state a generare e a confortare l'amore ch'io porto al mio volgare, sì come brievemente io mosterrò. **4.** Tanto è la cosa più prossima quanto, di tutte le cose del suo genere, altrui è più unita: onde di tutti li uomini lo figlio è più prossimo al padre; di tutte l'arti la medicina è più prossima al medico, e la musica al musico, però che a loro sono più unite che l'altre; di tutta la terra è più prossima quella dove l'uomo tiene sé medesimo, però che è ad esso più unita. **5.** E così lo volgare è più prossimo quanto è più unito, che uno e solo è prima ne la mente che alcuno altro, e che non solamente per sé è unito, ma per accidente, in quanto è congiunto con le più prossime persone, sì come con li parenti e con li propri cittadini e con la propria gente. **6.** E questo è lo volgare proprio; lo quale è non prossimo, ma massimamente prossimo a ciascuno. Per che, se la prossimitade è seme d'amistà, come detto è di sopra, manifesto è ch'ella è de le cagioni stata de l'amore ch'io porto a la mia loquela, che è a me prossima più che l'altre. **7.** La sopra detta cagione, cioè d'essere più unito quello ch'è solo prima in tutta la mente, mosse la consuetudine de la gente, che fanno li primogeniti succedere solamente, sì come più propinqui, e perché più propinqui più amati. **8.** Ancora, la bontade fece me a lei amico. E qui è da sapere che ogni bontade propria in alcuna cosa, è amabile in quella: sì come ne la maschiezza essere ben barbuto, e nella femminezza essere ben pulita di barba in tutta la faccia; sì come nel bracco bene odorare, e sì come nel veltro ben correre. **9.** E quanto ella è più propria, tanto ancora è più amabile; onde, avvegna che ciascuna vertù sia amabile ne l'uomo, quella è più amabile in esso che è più umana, e questa è la giustizia, la quale è solamente ne la parte razionale o vero intellettuale, cioè ne la volontade. **10.** Questa è tanto amabile, che, sì come dice lo Filosofo nel quinto de l'Etica, li suoi nimici l'amano, sì come sono ladroni e rubatori; e però vedemo che 'l suo contrario, cioè la ingiustizia, massimamente è odiata, sì come è tradimento, ingratitudine, falsitade, furto, rapina, inganno e loro simili. **11.** Li quali sono tanto inumani peccati, che ad iscusare sé de l'infamia di quelli, si concede da lunga usanza che uomo parli di sé, sì come detto è di sopra, e possa dire sé essere fedele e leale. **12.** Di questa vertù innanzi dicerò più pienamente nel quartodecimo trattato; e qui lasciando, torno al proposito. Provato è adunque la bontà de la cosa più propria [più essere amabile in quella; per che, a mostrare quale in essa è più propria,] è da vedere quella che più in essa è amata e commendata, e quella è essa. **13.** E noi vedemo che in ciascuna cosa di sermone lo bene manifestare del concetto sì è più amato e commendato: dunque è questa la prima sua bontade. E con ciò sia cosa che questa sia nel nostro volgare, sì come manifestato è di sopra in altro capitolo, manifesto è ched ella è de le cagioni stata de l'amore ch'io porto ad esso; poi che, sì come detto è, la bontade è cagione d'amore generativa.

CAPITOLO XIII

1. Detto come ne la propria loquela sono quelle due cose per le quali io sono fatto a lei amico, cioè prossimitade a me e bontà propria, dirò come per beneficio e concordia di studio e per benivolenza di lunga consuetudine l'amistà è confermata e fatta grande. **2.** Dico, prima, ch'io per me ho da lei ricevuto dono di grandissimi benefici. E però è da sapere che intra tutti i benefici è maggiore quello che più è prezioso a chi riceve: e nulla cosa è tanto preziosa, quanto quella per la quale tutte l'altre si vogliono; e tutte l'altre cose si vogliono per la perfezione di colui che vuole. **3.** Onde con ciò sia cosa che due perfezioni abbia l'uomo, una prima e una seconda - la prima lo fa essere, la seconda lo fa essere buono -, se la propria loquela m'è stata cagione e de l'una e de l'altra, grandissimo beneficio da lei ho ricevuto. E ch'ella sia stata a me d'essere [cagione, e ancora di buono essere] se per me non stesse, brievemente si può mostrare. **4.** Non è [inconveniente] a una cosa esser più cagioni efficienti, avvegna che una sia massima de l'altre; onde lo fuoco e lo martello sono cagioni efficienti de lo coltello, avvegna che massimamente è il fabbro. Questo mio volgare fu congiugnitore de li miei generanti, che con esso parlavano, sì come 'l fuoco è disponitore del ferro al fabbro che fa lo coltello; per che manifesto è lui essere concorso a la mia generazione, e così essere alcuna cagione del mio essere. **5.** Ancora, questo mio volgare fu introduttore di me ne la via di scienza, che è ultima perfezione, in quanto con esso io entrai ne lo latino e con esso mi fu mostrato: lo quale latino poi mi fu via a più innanzi andare. E così è palese, e per me conosciuto, esso essere stato a me grandissimo benefattore. **6.** Anche, è stato meco d'uno medesimo studio, e ciò posso così mostrare. Ciascuna cosa studia naturalmente a la sua conservazione: onde, se lo volgare per sé studiare potesse, studierebbe a quella; e quella sarebbe, acconciare sé a più stabilitade, e più stabilitade non potrebbe avere che in legar sé con numero e con rime. **7.** E questo medesimo studio è stato mio, sì come tanto è palese che non dimanda testimonianza. Per che uno medesimo studio è stato lo suo e 'l mio; per che di questa concordia l'amistà è confermata e accresciuta. **8.** Anche c'è stata la benivolenza de la consuetudine, ché dal principio de la mia vita ho avuta con esso benivolenza e conversazione, e usato quello diliberando, interpetrando e questionando. **9.** Per che, se l'amistà s'accresce per la consuetudine, sì come sensibilmente appare, manifesto è che essa in me massimamente è cresciuta, che sono con esso volgare tutto mio tempo usato. **10.** E così si vede essere a questa amistà concorse tutte le cagioni generative e accrescitive de l'amistade: per che si conchiude che non solamente amore, ma perfettissimo amore sia quello ch'io a lui debbo avere e ho. **11.** Così rivolgendo li occhi a dietro, e raccogliendo le ragioni prenotate, puotesi vedere questo pane, col quale si deono mangiare le infrascritte canzoni, essere sufficientemente purgato da le macule, e da l'essere di biado; per che tempo è d'intendere a ministrare le vivande. **12.** Questo sarà quello pane orzato del quale si satolleranno migliaia, e a me ne soperchieranno le sporte piene. Questo sarà luce nuova, sole nuovo, lo quale surgerà là dove l'usato tramonterà, e darà lume a coloro che sono in tenebre e in oscuritade, per lo usato sole che a loro non luce.

TRATTATO SECONDO

CANZONE PRIMA

Voi che 'ntendendo il terzo ciel movete,
udite il ragionar ch'è nel mio core,
ch'io nol so dire altrui, sì mi par novo.
El ciel che segue lo vostro valore,
5 gentili creature che voi sete,
mi tragge ne lo stato ov'io mi trovo.
Onde 'l parlar de la vita ch'io provo
par che si drizzi degnamente a vui:
però vi priego che lo mi 'ntendiate.
10   Io vi dirò del cor la novitate
come l'anima trista piange in lui,
e come un spirto contra lei favella,
che vien pe' raggi de la vostra stella.
Suol esser vita de lo cor dolente
15   un soave penser, che se ne gia
molte fiate a' pie' del nostro Sire,
ove una donna gloriar vedia,
di cui parlava me sì dolcemente
che l'anima dicea: "Io men vo' gire".
20   Or apparisce chi lo fa fuggire
e segnoreggia me di tal virtute,
che 'l cor ne trema che di fuori appare.
Questi mi face una donna guardare,
e dice: "Chi veder vuol la salute,
25   faccia che li occhi d'esta donna miri,
sed e' non teme angoscia di sospiri".
Trova contraro tal che lo distrugge
l'umil pensero, che parlar mi sole
d'un'angela che 'n cielo è coronata.
30   L'anima piange, sì ancor len dole,
e dice: "Oh lassa a me, come si fugge
questo piatoso che m'ha consolata!"
De li occhi miei dice questa affannata:
"Qual ora fu che tal donna li vide!
35   e perché non credeano a me di lei?
Io dicea:'Ben ne li occhi di costei
de' star colui che le mie pari ancide!'

E non mi valse ch'io ne fossi accorta
che non mirasser tal, ch'io ne son morta".
40   "Tu non se' morta, ma se' ismarrita,
anima nostra, che sì ti lamenti,"
dice uno spiritel d'amor gentile;
"che quella bella donna, che tu senti,
ha transmutata in tanto la tua vita,
45   che n'hai paura, sì se' fatta vile!
Mira quant' ell'è pietosa e umile,
saggia e cortese ne la sua grandezza,
e pensa di chiamarla donna, omai!
Ché se tu non t'inganni, tu vedrai
50   di sì alti miracoli adornezza,
che tu dirai: 'Amor, segnor verace,
ecco l'ancella tua; fa che ti piace'".
Canzone, io credo che saranno radi
color che tua ragione intendan bene,
55   tanto la parli faticosa e forte.
Onde, se per ventura elli addivene
che tu dinanzi da persone vadi
che non ti paian d'essa bene accorte,
allor ti priego che ti riconforte,
60   dicendo lor, diletta mia novella:
"Ponete mente almen come son bella!"

CAPITOLO I

1. Poi che proemialmente ragionando, me ministro, è lo mio pane ne lo precedente trattato con sufficienza preparato, lo tempo chiama e domanda la mia nave uscir di porto; per che, dirizzato l'artimone de la ragione a l'òra del mio desiderio, entro in pelago con isperanza di dolce cammino e di salutevole porto e laudabile ne la fine de la mia cena. Ma però che più profittabile sia questo mio cibo, prima che vegna la prima vivanda voglio mostrare come mangiare si dee. **2.** Dico che, sì come nel primo capitolo è narrato, questa sposizione conviene essere litterale e allegorica. E a ciò dare a intendere, si vuol sapere che le scritture si possono intendere e deonsi esponere massimamente per quattro sensi. **3.** L'uno si chiama litterale, [e questo è quello che non si stende più oltre che la lettera de le parole fittizie, sì come sono le favole de li poeti. L'altro si chiama allegorico,] e questo è quello che si nasconde sotto 'l manto di queste favole, ed è una veritate ascosa sotto bella menzogna:

27

come quando dice Ovidio che Orfeo facea con la cetera mansuete le fiere, e li arbori e le pietre a sé muovere; che vuol dire che lo savio uomo con lo strumento de la sua voce fa[r]ia mansuescere e umiliare li crudeli cuori, e fa[r]ia muovere a la sua volontade coloro che non hanno vita di scienza e d'arte: e coloro che non hanno vita ragionevole alcuna sono quasi come pietre. **4.** E perché questo nascondimento fosse trovato per li savi, nel penultimo trattato si mosterrà. Veramenti li teologi questo senso prendono altrimenti che li poeti; ma però che mia intenzione è qui lo modo de li poeti seguitare, prendo lo senso allegorico secondo che per li poeti è usato. **5.** Lo terzo senso si chiama morale, e questo è quello che li lettori deono intentamente andare appostando per le scritture, ad utilitade di loro e di loro discenti: sì come appostare si può ne lo Evangelio, quando Cristo salio lo monte per transfigurarsi, che de li dodici Apostoli menò seco li tre; in che moralmente si può intendere che a le secrete cose noi dovemo avere poca compagnia. **6.** Lo quarto senso si chiama anagogico, cioè sovrasenso; e questo è quando spiritualmente si spone una scrittura, la quale ancora [sia vera] eziandio nel senso litterale, per le cose significate significa de le superne cose de l'etternal gloria: sì come vedere si può in quello canto del Profeta che dice che, ne l'uscita del popolo d'Israel d'Egitto, Giudea è fatta santa e libera. **7.** Che avvegna essere vera secondo la lettera sia manifesto, non meno è vero quello che spiritualmente s'intende, cioè che ne l'uscita de l'anima dal peccato, essa sia fatta santa e libera in sua potestate. **8.** E in dimostrar questo, sempre lo litterale dee andare innanzi, sì come quello ne la cui sentenza li altri sono inchiusi, sanza lo quale sarebbe impossibile ed inrazionale intendere a li altri, e massimamente a lo allegorico. **9.** È impossibile, però che in ciascuna cosa che ha dentro e di fuori è impossibile venire al dentro, se prima non si viene al di fuori: onde, con ciò sia cosa che ne le scritture [la litterale sentenza] sia sempre lo di fuori, impossibile è venire a l'altre, massimamente a l'allegorica, sanza prima venire a la litterale. **10.** Ancora è impossibile però che in ciascuna cosa, naturale ed artificiale, è impossibile procedere a la forma, sanza prima essere disposto lo subietto sopra che la forma dee stare: sì come impossibile la forma de l'oro è venire, se la materia, cioè lo suo subietto, non è digesta e apparecchiata; e la forma de l'arca venire, se la materia, cioè lo legno, non è prima disposta e apparecchiata. **11.** Onde con ciò sia cosa che la litterale sentenza sempre sia subietto e materia de l'altre, massimamente de l'allegorica, impossibile è prima venire a la conoscenza de l'altre che a la sua. **12.** Ancora è impossibile però che in ciascuna cosa, naturale ed artificiale, procedere, se prima non è fatto lo fondamento, sì come ne la casa e sì come ne lo studiare: onde, con ciò sia cosa che 'l dimostrare sia edificazione di scienza, e la litterale dimostrazione sia fondamento de l'altre, massimamente de l'allegorica, impossibile è a l'altre venire prima che a quella. **13.** Ancora, posto che possibile fosse, sarebbe inrazionale, cioè fuori d'ordine, e però con molta fatica e con molto errore si procederebbe. Onde, sì come dice lo Filosofo nel primo de la Fisica, la natura vuole che ordinatamente si proceda ne la nostra conoscenza, cioè procedendo da quello che conoscemo meglio in quello che conoscemo non così bene: dico che la natura vuole, in quanto questa via di conoscere è in noi naturalmente innata. **14.** E però se li altri sensi dal litterale sono meno intesi - che sono, sì come manifestamente pare -, inrazionabile sarebbe procedere ad essi dimostrare, se prima lo litterale non fosse dimostrato. **15.** Io adunque, per queste ragioni, tuttavia sopra ciascuna canzone ragionerò prima la litterale sentenza, e appresso di quella ragionerò la sua allegoria, cioè la nascosa veritate; e talvolta de li altri sensi toccherò incidentemente, come a luogo e a tempo si converrà.

CAPITOLO II

1. Cominciando adunque, dico che la stella di Venere due fiate rivolta era in quello suo cerchio che la fa parere serotina e matutina, secondo diversi tempi, appresso lo trapassamento di quella Beatrice beata che vive in cielo con li angeli e in terra con la mia anima, quando quella gentile donna, cui feci menzione ne la fine de la Vita Nuova, parve primamente, accompagnata d'Amore, a li occhi miei e prese luogo alcuno ne la mia mente. **2.** E sì come è ragionato per me ne lo allegato libello, più da sua gentilezza che da mia elezione venne ch'io ad essere suo consentisse; ché passionata di tanta misericordia si dimostrava sopra la mia vedovata vita, che li spiriti de li occhi miei a lei si fero massimamente amici. E così fatti, dentro [me] lei poi fero tale, che lo mio beneplacito fu contento a disposarsi a quella imagine. **3.** Ma però che non subitamente nasce amore e fassi grande e viene perfetto, ma vuole tempo alcuno e nutrimento di pensieri, massimamente là dove sono pensieri contrari che lo 'mpediscano, convenne, prima che questo nuovo amore fosse perfetto, molta battaglia intra lo pensiero del suo nutrimento e quello che li era contraro, lo quale per quella gloriosa Beatrice tenea ancora la rocca de la mia mente. **4.** Però che l'uno era soccorso de la parte [de la vista] dinanzi continuamente, e l'altro de la parte de la memoria di dietro. E lo soccorso dinanzi ciascuno die crescea, che far non potea l'altro, [te]men[d]o quello, che impediva in alcuno modo, a dare indietro, il volto; per che a me parve sì mirabile, e anche duro a sofferire, che io nol potei sostenere. **5.** E quasi esclamando, e per iscusare me de la varietade, ne la quale parea me avere manco di fortezza, dirizzai la voce mia in quella parte onde procedeva la vittoria del nuovo pensiero, ch'era virtuosissimo sì come vertù celestiale; e cominciai a dire: *Voi che 'ntendendo il terzo ciel movete.* **6.** A lo 'ntendimento de la quale canzone bene imprendere, conviene prima conoscere le sue parti, sì che leggiero sarà poi lo suo intendimento a vedere. Acciò che più non sia mestiere di predicere queste parole per le sposizioni de l'altre, dico che questo ordine, che in questo trattato si prenderà, tenere intendo per tutti li altri. **7.** Adunque dico che la canzone proposta è contenuta da tre parti principali. La prima è lo primo verso di quella: ne la quale s'inducono a udire ciò che dire intendo certe Intelligenze, o vero per più usato modo volemo dire Angeli, le quali sono a la revoluzione del cielo di Venere, sì come movitori di quello. **8.** La seconda è li tre versi che appresso del primo sono: ne la quale si manifesta quel che dentro spiritualmente si sentiva intra' diversi pensieri. **9.** La terza è lo quinto e l'ultimo verso: ne la quale sì vuole l'uomo parlare a l'opera medesima, quasi a confortare quella. E queste tutte e tre parti, per ordine sono, come è detto di sopra, a dimostrare.

CAPITOLO III

1. A più latinamente vedere la sentenza litterale, a la quale ora s'intende, de la prima parte sopra divisa è da sapere chi e quanti sono costoro che son chiamati a l'audienza mia, e quale è questo terzo cielo lo quale dico loro muovere: e prima dirò del cielo, poi dirò di loro a cu' io parlo. **2.** E avvegna che quelle cose, per rispetto de la veritade, assai poco sapere si possano, quel cotanto che l'umana ragione ne vede ha più dilettazione che 'l molto e 'l certo de le cose de le quali si giudica [secondo lo senso], secondo la sentenza del Filosofo in quello de li Animali. **3.** Dico adunque, che del numero de li cieli e del sito diversamente è sentito da molti, avvegna che la veritade a l'ultimo sia trovata. Aristotile credette, seguitando solamente l'antica grossezza de li astrologi, che fossero pure otto cieli, de li quali lo estremo, e che contenesse tutto, fosse quello dove le stelle fisse sono, cioè la spera ottava; e che di fuori da esso non fosse altro alcuno. **4.** Ancora credette che lo cielo del Sole fosse immediato con quello de la Luna, cioè secondo a noi. E questa sua sentenza così erronea può vedere chi vuole nel secondo De Celo et Mundo, ch'è nel secondo de' libri naturali. Veramente elli di ciò si scusa nel duodecimo de la Metafisica, dove mostra bene sé avere seguito pur l'altrui sentenza là dove d'astrologia li convenne parlare. **5.** Tolomeo poi, accorgendosi che l'ottava spera si movea per più movimenti, veggendo lo cerchio suo partire da lo diritto cerchio, che volge tutto da oriente in occidente, costretto da li principii di filosofia, che di necessitade vuole uno primo mobile semplicissimo, puose un altro cielo essere fuori de lo Stellato, lo quale facesse questa revoluzione da oriente in occidente: la quale dico che si compie quasi in ventiquattro ore, [cioè in ventitré ore] e quattordici parti de le quindici d'un'altra, grossamente assegnando. **6.** Sì che secondo lui, secondo quello che si tiene in astrologia ed in filosofia poi che quelli movimenti furon veduti, sono nove cieli mobili; lo sito de li quali è manifesto e diterminato, secondo che per un'arte che si chiama perspettiva, e [per] arismetrica e geometria, sensibilmente e ragionevolmente è veduto, e per altre esperienze sensibili: sì come ne lo eclipsi del sole appare sensibilmente la luna essere sotto lo sole, e sì come per testimonianza d'Aristotile, che vide con li occhi (secondo che dice nel secondo De Celo et Mundo) la luna, essendo nuova, entrare sotto a Marte da la parte non lucente, e Marte stare celato tanto che rapparve da l'altra parte lucente de la luna, ch'era verso occidente. **7.** Ed è l'ordine del sito questo, che lo primo che numerano è quello dove è la Luna; lo secondo è quello dov'è Mercurio; lo terzo è quello dov'è Venere; lo quarto è quello dove è lo Sole; lo quinto è quello di Marte; lo sesto è quello di Giove; lo settimo è quello di Saturno; l'ottavo è quello de le Stelle; lo nono è quello che non è sensibile se non per questo movimento che è detto di sopra lo quale chiamano molti Cristallino, cioè diafano, o vero tutto trasparente. **8.** Veramente, fuori di tutti questi, li cattolici pongono lo cielo Empireo, che è a dire cielo di fiamma o vero luminoso; e pongono esso essere immobile per avere in sé, secondo ciascuna parte, ciò che la sua materia vuole. **9.** E questo è cagione al Primo Mobile per avere velocissimo movimento; ché per lo ferventissimo appetito ch'è in ciascuna parte di quello nono cielo, che è immediato a quello, d'essere congiunta con ciascuna parte di quello divinissimo ciel quieto, in quello si rivolve con tanto desiderio, che la sua velocitade è quasi incomprensibile. **10.** E quieto e pacifico è lo luogo di quella somma Deitade che sola [sé] compiutamente vede. Questo loco è di spiriti beati, secondo che la Santa Chiesa vuole, che non può dire menzogna; e Aristotile pare ciò sentire, a chi bene lo 'ntende, nel primo De Celo et Mundo. **11.** Questo è lo soprano edificio del mondo, nel quale tutto lo mondo s'inchiude, e di fuori dal quale nulla è; ed esso non è in luogo ma formato fu solo ne la prima Mente, la quale li Greci dicono Protonoè. Questa è quella magnificenza, de la quale parlò il Salmista, quando dice a Dio: "Levata è la magnificenza tua sopra li cieli". **12.** E così ricogliendo ciò che ragionato è, pare che diece cieli siano, de li quali quello di Venere sia lo terzo, del quale si fa menzione in quella parte che mostrare intendo. **13.** Ed è da sapere che ciascuno cielo di sotto al Cristallino ha due poli fermi, quanto a sé; e lo nono li ha fermi e fissi, e non mutabili secondo alcuno respetto. E ciascuno, sì lo nono come li altri, hanno un cerchio, che si può chiamare equatore del suo cielo proprio; lo quale igualmente in ciascuna parte de la sua revoluzione è rimoto da l'uno polo e da l'altro, come può sensibilmente vedere chi volge un pomo, o altra cosa ritonda. E questo cerchio ha più rattezza nel muovere che alcuna parte del suo cielo, in ciascuno cielo, come può vedere chi bene considera. **14.** E ciascuna parte, quant'ella più è presso ad esso, tanto più rattamente si muove; quanto più n'è remota e più presso al polo, più è tarda, però che la sua revoluzione è minore, e conviene essere in uno medesimo tempo, di necessitade, con la maggiore. **15.** Dico ancora, che quanto lo cielo più è presso al cerchio equatore tanto è più nobile per comparazione a li suoi poli, però che ha più movimento e più attualitade e più vita e più forma, e più tocca di quello che è sopra sé, e per consequente più è virtuoso. Onde le stelle del Cielo Stellato sono più piene di vertù tra loro quanto più sono presso a questo cerchio. **16.** E in sul dosso di questo cerchio, nel cielo di Venere, del quale al presente si tratta, è una speretta che per sé medesima in esso cielo si volge; lo cerchio de la quale li astrologi chiamano epiciclo. E sì come la grande spera due poli volge, così questa picciola, e così ha questa picciola lo cerchio equatore, e così è più nobile quanto è più presso di quello; e in su l'arco, o vero dosso, di questo cerchio è fissa la lucentissima stella di Venere. **17.** E avvegna che detto sia essere diece cieli secondo la stretta veritade, questo numero non li comprende tutti; ché questo di cui è fatta menzione, cioè l'epiciclo nel quale è fissa la stella, è uno cielo per sé, o vero spera, e non ha una essenza con quello che 'l porta: avvegna che più sia connaturato ad esso che li altri; e con esso e chiamato uno cielo, e dinominasi l'uno e l'altro da la stella. **18.** Come li altri cieli e l'altre stelle siano, non è al presente da trattare: basti ciò che detto è de la veritade del terzo cielo, del quale al presente intendo e del quale compiutamente è mostrato quello che al presente n'è mestiere.

CAPITOLO IV

1. Poi ch'è mostrato nel precedente capitolo quale è questo terzo cielo e come in sé medesimo è disposto, resta di mostrare chi sono questi che 'l muovono. **2.** È adunque da sapere primamente che li movitori di quelli [cieli] sono sustanze separate da materia, cioè intelligenze, le quali la volgare gente chiamano Angeli. E di queste creature, sì come de li cieli, diversi diversamente hanno sentito, avvegna che la veritade sia trovata. **3.** Furono certi filosofi, de' quali pare essere Aristotile ne la sua Metafisica (avvegna che nel primo di Cielo incidentemente paia sentire altrimenti), che credettero solamente essere tante queste, quante circulazioni fossero ne li cieli, e non più: dicendo che l'altre sarebbero state etternalmente indarno, sanza operazione; ch'era impossibile, con ciò sia cosa che loro essere sia loro operazione. **4.** Altri furono, sì come Plato, uomo eccellentissimo, che puosero non solamente tante Intelligenze quanti sono li movimenti del cielo, ma eziandio quante sono le spezie de le cose (cioè le maniere de le cose): sì come è una spezie tutti li uomini, e un'altra tutto l'oro, e un'altra tutte le larghezze, e così di tutte. **5.** E volsero che sì come le Intelligenze de li cieli sono generatrici di quelli, ciascuna del suo, così queste fossero generatrici de l'altre cose ed essempli, ciascuna de la sua spezie; e chiamale Plato 'idee': che tanto è a dire quanto forme e nature universali. **6.** Li gentili le chiamano Dei e Dee, avvegna che non cósì filosoficamente intendessero quelle come Plato, e adoravano le loro imagini, e faceano loro grandissimi templi: sì come a Giuno, la quale dissero dea di potenza; sì come a Pallade o vero Minerva, la quale dissero dea di sapienza; sì come a Vulcano, lo quale dissero dio del fuoco, ed a Cerere, la quale dissero dea de la biada. **7.** Le quali cose e oppinioni manifesta la testimonianza de' poeti, che ritraggono in parte alcuna lo modo de' gentili e ne li sacrifici e ne la loro fede; e anco si manifesta in molti nomi antichi rimasi o per nomi o per sopranomi a lochi e antichi edifici, come può bene ritrovare chi vuole. **8.** E avvegna che per ragione umana queste oppinioni di sopra fossero fornite, e per esperienza non lieve, la veritade ancora per loro veduta non fue, e per difetto di ragione e per difetto d'ammaestramento; ché pur per ragione veder si può in molto maggiore numero esser le creature sopra dette, che non sono li effetti che [per] li uomini si possono intendere. **9.** E l'una ragione è questa. Nessuno dubita, né filosofo né gentile né giudeo né cristiano né alcuna setta, ch'elle non siano piene di tutta beatitudine, o tutte o la maggior parte, e che quelle beate non siano in perfettissimo stato. **10.** Onde, con ciò sia cosa che quella che è qui l'umana natura non pur una beatitudine abbia, ma due, sì com'è quella de la vita civile, e quella de la contemplativa, inrazionale sarebbe se noi vedemo quelle avere la beatitudine de la vita attiva, cioè civile, nel governare del mondo, e non avessero quella de la contemplativa, la quale è più eccellente e più divina. **11.** E con ciò sia cosa che quella che ha la beatitudine del governare non possa l'altra avere, perché lo 'ntelletto loro è uno e perpetuo, conviene essere altre fuori di questo ministerio che solamente vivano speculando. **12.** E perché questa vita è più divina, e quanto la cosa è più divina è più di Dio simigliante, manifesto è che questa vita è da Dio più amata: e se ella è più amata, più le è la sua beatanza stata larga: e se più l'è stata larga, più viventi le ha dato che a l'altrui. Per che si conchiude che troppo maggior numero sia quello di quelle creature che li effetti non dimostrano. **13.** E non è contra quello che par dire Aristotile nel decimo de l'Etica, che a le sustanze separate convegna pure la speculativa vita. Come pure la speculativa convegna loro, pure a la speculazione di certe segue la circulazione del cielo, che è del mondo governo; lo quale è quasi una ordinata civilitade, intesa ne la speculazione de li motori. **14.** L'altra ragione sì è che nullo effetto è maggiore de la cagione, poi che la cagione non può dare quello che non ha; ond'è, con ciò sia cosa che lo divino intelletto sia cagione di tutto, massimamente de lo 'ntelletto umano, che lo umano quello non soperchia, ma da esso è improporzionalmente soperchiato. **15.** Dunque se noi, per le ragioni di sopra e per molt'altre, intendiamo Iddio aver potuto fare innumerabili quasi creature spirituali, manifesto è lui questo avere fatto maggiore numero. Altre ragioni si possono vedere assai, ma queste bastino al presente. **16.** Né si meravigli alcuno se queste e altre ragioni di ciò avere potemo, non sono del tutto dimostrate; che però medesimamente dovemo ammirare loro eccellenza - la quale soverchia gli occhi de la mente umana, sì come dice lo Filosofo nel secondo de la Metafisica -, e affermar loro essere. **17.** Poi che non avendo di loro alcuno senso (dal quale comincia la nostra conoscenza), pure risplende nel nostro intelletto alcuno lume de la vivacissima loro essenza, in quanto vedemo le sopra dette ragioni, e molt'altre; sì come afferma chi ha li occhi chiusi l'aere essere luminoso, per un poco di splendore, o vero raggio, c[om]e passa per le pupille del vispistrello: ché non altrimenti sono chiusi li nostri occhi intellettuali, mentre che l'anima è legata e incarcerata per li organi del nostro corpo.

CAPITOLO V

1. Detto è che, per difetto d'ammaestramento, li antichi la veritade non videro de le creature spirituali, avvegna che quello popolo d'Israel fosse in parte da li suoi profeti ammaestrato, "ne li quali, per molte maniere di parlare e per molti modi, Dio avea loro parlato", sì come l'Apostolo dice. **2.** Ma noi semo di ciò ammaestrati da colui che venne da quello, da colui che le fece, da colui che le conserva, cioè da lo Imperadore de l'universo, che è Cristo, figliuolo del sovrano Dio e figliuolo di Maria Vergine, (femmina veramente e figlia di Ioacchino e d'Adam), uomo vero, lo quale fu morto da noi, per che ci reco vita. **3.** 'Lo qual fu luce che allumina noi ne le tenebre', sì come dice Ioanni Evangelista, e disse a noi la veritade di quelle cose che noi sapere sanza lui non potavamo, né veder veramente. **4.** La prima cosa e lo primo secreto che ne mostrò, fu una de le creature predette: ciò fu quello suo grande legato che venne a Maria, giovinetta donzella di tredici, da parte del Sanator celestiale. Questo nostro Salvatore con la sua bocca disse che 'l Padre li potea dare molte legioni d'angeli; questi non negò, quando detto li fu che 'l Padre avea comandato a li angeli che li ministrassero e servissero. **5.** Per che manifesto è a noi quelle creature [essere] l in lunghissimo numero; per che la sua sposa e secretaria Santa Ecclesia - de la quale dice Salomone: "Chi è questa che ascende del diserto, piena di quelle cose che dilettano, appoggiata sopra l'amico suo?" - dice, crede e predica quelle nobilissime creature quasi innumerabili. E partele per tre gerarchie, che è a dire tre principati santi o vero divini, e ciascuna gerarchia ha tre ordini; sì che nove ordini di creature spirituali la Chiesa tiene e afferma. **6.** Lo primo è quello de li Angeli, lo secondo de li Arcangeli, lo terzo de li Troni, e questi tre ordini fanno la prima gerarchia: non prima quanto a nobilitade, non a creazione (ché più sono l'altre nobili e tutte furono insieme create), ma prima quanto al nostro salire a loro altezza. Poi sono le Dominazioni; appresso le Virtudi; poi li Principati: e questi fanno la seconda gerarchia. Sopra questi sono le Potestati e li Cherubini, e sopra tutti sono li Serafini: e questi fanno la terza gerarchia. **7.** Ed è potissima ragione de la loro speculazione e lo numero in che sono le gerarchie e quello in che sono li ordini. Ché con ciò sia cosa che la Maestà divina sia in tre persone, che hanno una sustanza, di loro si puote triplicemente contemplare. **8.** Ché si può contemplare de la potenza somma del Padre; la quale mira la prima gerarchia, cioè quella che è prima per nobilitade e che ultima noi annoveriamo. E puotesi contemplare la somma sapienza del Figliuolo; e questa mira la seconda gerarchia. E puotesi contemplare la somma e ferventissima caritade de lo Spirito Santo; e questa mira l'ultima gerarchia, la quale, più propinqua, a noi porge de li doni che essa riceve. **9.** E con ciò sia cosa che ciascuna persona ne la divina Trinitade triplicemente si possa considerare, sono in ciascuna gerarchia tre ordini che diversamente contemplano. Puotesi considerare lo Padre, non avendo rispetto se non ad esso; e questa contemplazione fanno li Serafini, che veggiono più de la Prima Cagione che nulla angelica natura. **10.** Puotesi considerare lo Padre secondo che ha relazione al Figlio, cioè come da lui si parte e come con lui sé unisce; e questo contemplano li Cherubini. Puotesi ancora considerare lo Padre secondo che da lui procede lo Spirito Santo, e come da lui si parte e come con lui sé unisce; e questa contemplazione fanno le Potestadi. **11.** E per questo modo si puote speculare del Figlio e de lo Spirito Santo: per che convengono essere nove maniere di spiriti contemplativi, a mirare ne la luce che sola sé medesima vede compiutamente. **12.** E non è qui da tacere una parola. Dico che di tutti questi ordini si perderono alquanti tosto che furono creati, forse in numero de la decima parte; a la quale restaurare fu l'umana natura poi creata. Li numeri, li ordini, le gerarchie narrano li cieli mobili, che sono nove, e lo decimo annunzia essa unitade e stabilitade di Dio. E però dice lo Salmista: "Li cieli narrano la gloria di Dio, e l'opere de le sue mani annunzia lo fermamento". **13.** Per che ragionevole è credere che li movitori del cielo de la Luna siano de l'ordine de li Angeli, e quelli di Mercurio siano li Arcangeli, e quelli di Venere siano li Troni; li quali, naturati de l'amore del Santo Spirito, fanno la loro operazione, connaturale ad essi, cioè lo movimento di quello cielo, pieno d'amore, dal quale prende la forma del detto cielo uno ardore virtuoso, per lo quale le anime di qua giuso s'accendono ad amore, secondo la loro disposizione. **14.** E perché li antichi s'accorsero che quello cielo era qua giù cagione d'amore, dissero Amore essere figlio di Venere, sì come testimonia Vergilio nel primo de lo Eneida, ove dice Venere ad Amore: "Figlio, vertù mia, figlio del sommo padre, che li dardi di Tifeo non curi"; e Ovidio, nel quinto di Metamorphoseos, quando dice che Venere disse ad Amore: "Figlio, armi mie, potenza mia". **15.** E sono questi Troni, che al governo di questo cielo sono dispensati, in numero non grande, de lo quale per li filosofi e per gli astrologi diversamente è sentito, secondo che diversamente sentiro de le sue circulazioni; avvenga che tutti siano accordati in questo, che tanti sono quanti movimenti esso fae. **16.** Li quali, secondo che nel libro de l'Aggregazion[i] de le Stelle epilogato si truova da la migliore dimostrazione de li astrologi, sono tre: uno, secondo che la stella si muove verso lo suo epiciclo; l'altro, secondo che lo epiciclo si muove con tutto lo cielo igualmente con quello del Sole; lo terzo, secondo che tutto quello cielo si muove, seguendo lo movimento de la stellata spera, da occidente a oriente, in cento anni uno grado. Sì che a questi tre movimenti sono tre movitori. **17.** Ancora si muove tutto questo cielo e rivolgesi con lo epiciclo da oriente in occidente, ogni dì naturale una fiata: lo qual movimento, se esso è da intelletto alcuno, o se esso è da la rapina del Primo Mobile, Dio lo sa; che a me pare presuntuoso a giudicare. **18.** Questi movitori muovono, solo intendendo, la circulazione in quello subietto propio che ciascuno muove. La forma nobilissima del cielo, che ha in sé principio di questa natura passiva, gira, toccata da vertù motrice che questo intende: e dico toccata non corporalmente, per tatto di vertù la quale si dirizza in quello. E questi movitori sono quelli a li quali s'intende di parlare, ed a cui io fo mia dimanda.

CAPITOLO VI

1. Secondo che di sopra, nel terzo capitolo di questo trattato, si disse, ch'a bene intendere la prima parte de la proposta canzone convenia ragionare di quelli cieli e de li loro motori, ne li tre precedenti capitoli è ragionato. Dico adunque a quelli ch'io mostrai sono movitori del cielo di Venere: *O voi che 'ntendendo* - cioè con lo intelletto solo, come detto è di sopra, - *lo terzo cielo movete, Udite il ragionare*; e non dico *udite* perch'elli odano alcuno suono, ch'elli non hanno senso, ma dico *udite*, cioè con quello udire ch'elli hanno, ch'è intendere per intelletto. **2.** Dico: *Udite il ragionar* lo quale *è nel mio core*: cioè dentro da me, ché ancora non è di fuori apparito. E da sapere è che in tutta questa canzone, secondo l'uno senso e l'altro lo 'core' si prende per lo secreto dentro, e non per altra spezial parte de l'anima e del corpo. **3.** Poi li ho chiamati ad udire quello ch'io voglio, assegno due ragioni per che io convenevolemente deggio loro parlare. L'una si è la novitade de la mia condizione, la quale, per non essere da li altri uomini esperta, non sarebbe così da loro intesa come da coloro che 'ntendono li loro effetti ne la loro operazione; e questa ragione tocco quando dico: *Ch'io nol so dire dire altrui, sì mi par novo.* **4.** L'altra ragione è: quand'uomo riceve beneficio, o vero ingiuria, prima de' quello retraere a chi liele fa, se può, che ad altri; acciò che se ello è beneficio, esso che lo riceve si mostri conoscente inver lo benefattore; e s'ella è ingiuria, induca lo fattore a buona misericordia con le dolci parole. **5.** E questa ragione tocco, quando dico: *El ciel che segue lo vostro valore, Gentili creature che voi sete, Mi tragge ne lo stato ov'io mi trovo.* Ciò è a dire: l'operazione vostra, cioè la vostra circulazione, è quella che m'ha tratto ne la presente condizione. Però conchiudo e dico che 'l mio parlare a loro dee essere, sì come detto è; e questo dico qui: *Onde 'l parlar de la vita ch'io provo, Par che si drizzi degnamente a vui.* E dopo queste ragioni assegnate, priego loro de lo 'ntendere quando dico: *Però vi priego che lo mi 'ntendiate.* **6.** Ma però che in ciascuna maniera di sermone lo dicitore massimamente dee intendere a la persuasione, cioè a l'abbellire, de l'audenza, sì come a quella ch'è principio di tutte l'altre persuasioni, come li rettorici [s]anno; e potentissima persuasione sia, a rendere l'uditore attento, promettere di dire nuove e grandissime cose; seguito io, a la preghiera fatta de l'audenza, questa persuasione, cioè, dico, abbellimento, annunziando loro la mia intenzione, la quale è di dire nuove cose, cioè la divisione ch'è ne la mia anima, e grandi cose, cioè lo valore de la loro stella. E questo dico in quelle ultime parole di questa prima parte: *Io vi dirò del cor la novitate. Come l'anima trista piange in lui, E come un spirto contra lei favella, Che vien pe' raggi de la vostra stella.* **7.** E a pieno intendimento di queste parole, dico che questo [spirito] non è altro che uno frequente pensiero a questa nuova donna commendare e abbellire; e questa anima non è altro che un altro pensiero, accompagnato di consentimento, che, repugnando a questo, commenda e abbellisce la memoria di quella gloriosa Beatrice. **8.** Ma però che ancora l'ultima sentenza de la mente, cioè lo consentimento, si tenea per questo pensiero che la memoria aiutava, chiamo lui *anima* e l'altro *spirito*; sì come chiamare solemo la cittade quelli che la tengono, e non coloro che la combattono, avvegna che l'uno e l'altro sia cittadino. **9.** Dico anche che questo spirito viene per li raggi de la stella: per che sapere si vuole che li raggi di ciascuno cielo sono la via per la quale discende la loro vertude in queste cose di qua giù. E però che li raggi non sono altro che uno lume che viene dal principio de la luce per l'aere infino a la cosa illuminata, e luce non sia se non ne la parte de la stella, però che l'altro cielo è diafano, cioè transparente, non dico che vegna questo spirito, cioè questo pensiero, dal loro cielo in tutto, ma da la loro stella. **10.** La quale per la nobilità de li suoi movitori è di tanta vertute, che ne le nostre anime e ne le altre nostre cose ha grandissima podestade, non ostante che essa ci sia lontana, qual volta più c'è presso, cento sessanta sette volte tanto quanto è, e più, al mezzo de la terra, che ci ha di spazio tremila dugento cinquanta miglia. E questa è la litterale esposizione de la prima parte de la canzone.

CAPITOLO VII

1. Inteso può essere sofficientemente per le prenarrate parole, de la litterale sentenza de la prima parte; per che a la seconda è da intendere, ne la quale si manifesta quello che dentro io sentia de la battaglia. **2.** E questa parte ha due divisioni: che in prima, cioè nel primo verso, narro la qualitade di queste diversidadi secondo la loro radice, ch'erano dentro a me; poi narro quello che dicea l'una e l'altra diversitade, e però, prima, quello che dicea la parte che perdea, cioè nel verso ch'è lo secondo di questa parte e lo terzo de la canzone. **3.** Ad evidenza dunque de la sentenza de la prima divisione, è da sapere che le cose deono essere denominate da l'ultima nobilitade de la loro forma; sì come l'uomo da la ragione, e non dal senso né d'altro che sia meno nobile. Onde, quando si dice l'uomo vivere, si dee intendere l'uomo usare la ragione, che è sua speziale vita e atto de la sua più nobile parte. **4.** E però chi da la ragione si parte, e usa pur la parte sensitiva, non vive uomo, ma vive bestia; sì come dice quello eccellentissimo Boezio: "Asino vive". Dirittamente dico però che lo pensiero è propio atto de la ragione, perché le bestie non pensano, che non l'hanno; e non dico pur de le minori bestie, ma di quelle che hanno apparenza umana e spirito di pecora, o d'altra bestia abominevole. **5.** Dico adunque che vita del mio core, cioè del mio dentro, suole essere un pensiero soave ('soave' è tanto quanto 'suaso', cioè abbellito, dolce, piacente e dilettoso), questo pensiero, che se ne gia spesse volte a' piedi del sire di costoro a cu' io parlo, ch'è Iddio: ciò è a dire, che io pensando contemplava lo regno de beati. **6.** E dico la final cagione incontanente per che là su io saliva pensando, quando dico: *Ove una donna gloriar vedia*; a dare a intendere ch'è perché io era certo, e sono, per sua graziosa revelazione, che ella era in cielo. Onde io pensando spesse volte come possibile m'era, me n'andava quasi rapito. **7.** Poi sussequentemente dico l'effetto di questo pensiero, a dare a intendere la sua dolcezza la quale era tanta che mi facea disioso de la morte, per andare là dov'elli gia; e ciò dico quivi: *Di cui parlava me sì dolcemente, Che l'anima dicea: Io men vo' gire*. E questa è la radice de l'una de le diversitadi ch'era in me. **8.** Ed è da sapere, che qui di dice 'pensiero' e non 'anima', di quello che salia a vedere quella beata, perché era spezial pensiero a quello atto. L'anima s'intende, come detto è nel precedente capitolo, per lo generale pensiero, col consentimento. **9.** Poi quando dico: *Or apparisce chi lo fa fuggire*, narro la radice de l'altra diversitade, dicendo, sì come questo pensiero di sopra suol esser vita di me, così un altro apparisce che fa quello cessare. E dico 'fuggire', per mostrare quello essere contrario, ché naturalmente l'uno contrario fugge l'altro, e quello che fugge mostra per difetto di vertù di fuggire. **10.** E dico che questo pensiero, che di nuovo apparisce, è poderoso in prender me e in vincere l'anima tutta, dicendo che esso segnoreggia sì che 'l cuore, cioè lo mio dentro, triema, e lo mio di fuori lo dimostra in alcuna nuova sembianza. **11.** Sussequentemente mostro la potenza di questo pensiero nuovo per suo effetto, dicendo che esso mi fa mirare una donna, e dicemi parole di lusinghe, cioè ragiona dinanzi a li occhi del mio intelligibile affetto per meglio indurmi, promettendomi che la vista de li occhi suoi è sua salute. **12.** E a meglio fare ciò credere a l'anima esperta, dice che non è da guardare ne li occhi di questa donna per persona che tema angoscia di sospiri. Ed è bel modo rettorico quando di fuori pare la cosa disabbellirsi, e dentro veramente s'abbellisce. Più non potea questo novo pensero d'amore indurre la mia mente a consentire, che nel ragionare de la vertù de li occhi di costei profondamente.

CAPITOLO VIII

1. Ora ch'è mostrato come e perché nasce amore, e la diversitade che mi combattea, procedere si conviene ad aprire la sentenza di quella parte ne la quale contendono in me diversi pensamenti. **2.** Dico che prima si conviene dire de la parte de l'anima, cioè de l'antico pensiero, e poi de l'altro, per questa ragione, che sempre quello che massimamente dire intende lo dicitore si dee riservare di dietro; però che quello che ultimamente si dice, più rimane ne l'animo de lo uditore. **3.** Onde con ciò sia cosa che io intenda più a dire e a ragionare quello che l'opera di costoro a cu' io parlo fa, che quello che essa disfà, ragionevole fu prima dire e ragionare la condizione de la parte che si corrompea, e poi quella de l'altra che si generava. **4.** Veramente qui nasce un dubbio, lo qual non è da trapassare sanza dichiarare. Potrebbe dire alcuno: 'Con ciò sia cosa che amore sia effetto di queste intelligenze, a cu' io parlo, e quello di prima fosse amore così come questo di poi, perché la loro vertù corrompe l'uno e l'altro genera? con ciò sia cosa che innanzi dovrebbe quello salvare, per la ragione che ciascuna cagione ama lo suo effetto e, amando quello, salva quell'altro'. **5.** A questa questione si può leggiermente rispondere che lo effetto di costoro è amore, com'e detto; e però che salvare nol possono se non in quelli subietti che sono sottoposti a la loro circulazione, esso transmutano di quella parte che è fuori di loro podestade in quella che v'è dentro, cioè de l'anima partita d'esta vita in quella ch'è in essa. **6.** Sì come la natura umana transmuta, ne la forma umana, la sua conservazione di padre in figlio, perché non può in esso padre perpetualmente [quel]lo suo effetto conservare. Dico 'effetto', in quanto l'anima col corpo, congiunti, sono effetto di quella; ché [l'anima poi che] è partita, perpetualmente dura in natura più che umana. E così è soluta la questione. **7.** Ma però che de la immortalità de l'anima è qui toccato, farò una digressione, ragionando di quella; perché, di quella ragionando, sarà bello terminare lo parlare di quella viva Beatrice beata, de la quale più parlare in questo libro non intendo per proponimento. **8.** Dico che intra tutte le bestialitadi quella è stoltissima, vilissima e dannosissima, chi crede dopo questa vita non essere altra vita; però che, se noi rivolgiamo tutte le scritture, sì de' filosofi come de li altri savi scrittori, tutti concordano in questo, che in noi sia parte alcuna perpetuale. **9.** E questo massimamente par volere Aristotile in quello de l'Anima; questo par volere massimamente ciascuno Stoico; questo par volere Tullio, spezialmente in quello libello de la Vegliezza; questo par volere ciascuno poeta che secondo la fede de' Gentili hanno parlato; questo vuole ciascuna legge, Giudei, Saracini, Tartari, e qualunque altri vivono secondo alcuna ragione. **10.** Che se tutti fossero ingannati, seguiterebbe una impossibilitade, che pure a ritraere sarebbe orribile. Ciascuno è certo che la natura umana è perfettissima di tutte l'altre nature di qua giù; e questo nullo niega, e Aristotile l'afferma, quando dice nel duodecimo de li Animali, che l'uomo è perfettissimo di tutti li animali. **11.** Onde con ciò sia cosa che molti che vivono, interamente siano mortali sì come animali bruti, e siano sanza questa speranza tutti mentre che vivono, cioè d'altra vita; se la nostra speranza fosse vana, maggiore sarebbe lo nostro difetto che di nullo altro animale, con ciò sia cosa che molti già sono stati che hanno data questa vita per quella: e così seguiterebbe che lo perfettissimo animale, cioè l'uomo, fosse imperfettissimo - ch'è impossibile - e che quella parte, cioè la ragione, che è sua perfezione maggiore, fosse a lui cagione di maggiore difetto; che del tutto diverso pare a dire. **12.** Ancora seguiterebbe che la natura contra sé medesima questa speranza ne la mente umana posta avesse, poi che detto è che molti a la morte del corpo sono corsi, per vivere ne l'altra vita; e questo è anche impossibile. **13.** Ancora, vedemo continua esperienza de la nostra immortalitade ne le divinazioni de' nostri sogni, le quali essere non potrebbono se in noi alcuna parte immortale non fosse; con ciò sia cosa che immortale convegna essere lo rivelante, [o corporeo] o incorporeo che sia, se bene si pensa sottilmente - e dico corporeo o incorporeo, per le diverse oppinioni ch'io truovo di ciò -, e quello ch'è mosso o vero informato da informatore immediato debba proporzione avere a lo informatore, e da lo mortale a lo immortale nulla sia proporzione. **14.** Ancora, n'accerta la dottrina veracissima di Cristo, la quale è via, verità e luce: via, perché per essa sanza impedimento andiamo a la felicitade di quella immortalitade; verità, perché non soffera alcuno errore; luce, perché allumina noi ne la tenebra de la ignoranza mondana. **15.** Questa dottrina dico che ne fa certi sopra tutte altre ragioni, però che quello la n'hae data che la nostra immortalitade vede e misura. La quale noi non potemo perfettamente vedere mentre che 'l nostro immortale col mortale è mischiato; ma vedemolo per fede perfettamente, e per ragione lo vedemo con ombra d'oscuritade, la quale incontra per mistura del mortale con l'immortale. **16.** E ciò dee essere potentissimo argomento che in noi l'uno e l'altro sia; e io così credo, così affermo e così certo sono ad altra vita migliore dopo questa passare, là dove quella gloriosa donna vive de la quale fu l'anima mia innamorata quando contendea, come nel seguente capitolo si ragionerà.

CAPITOLO IX

1. Tornando al proposito, dico che in questo verso che comincia: *Trova contraro tal che lo distrugge*, intendo manifestare quello che dentro a me l'anima mia ragionava, cioè l'antico pensiero contra lo nuovo. E prima brievemente manifesto la cagione del suo lamentevole parlare, quando dico: *Trova contraro tal che lo distrugge L'umil pensero, che parlar mi sole D'un'angela che 'n cielo è coronata.* Questo è quello speziale pensiero, del quale detto è di sopra che solea *esser vita de lo cor dolente.* **2.** Poi quando dico: *L'anima piange, sì ancor len dole,* manifesto l'anima mia essere ancora da la sua parte, e con tristizia parlare; e dico che dice parole lamentandosi, quasi come si maravigliasse de la subita trasmutazione, dicendo: *Oh lassa a me, come si fugge Questo piatoso che m'ha consolata!* Ben può dire 'consolata', ché ne la sua grande perdita questo pensiero, che in cielo salia, le avea data molta consolazione. **3.** Poi appresso, ad iscusa di sé dico che si volge tutto lo mio pensiero, cioè l'anima, de la quale dico *questa affannata*, e parla contra gli occhi; e questo si manifesta quivi*: De li occhi miei dice questa affannata.* E dico ch'ella dice di loro e contra loro tre cose. **4.** La prima è che bestemmia l'ora che questa donna li vide. E qui si vuol sapere che avvegna che più cose ne l'occhio a un'ora possano venire, veramente quella che viene per retta linea ne la punta de la pupilla, quella veramente si vede, e ne la imaginativa si suggella solamente. **5.** E questo è però che 'l nervo per lo quale corre lo spirito visivo, è diritto a quella parte, e però veramente l'occhio l'altro occhio non può guardare, sì che esso non sia veduto da lui, ché, sì come quello che mira riceve la forma ne la pupilla per retta linea, così per quella medesima linea la sua forma se ne va in quello ch'ello mira: e molte volte, nel dirizzare di questa linea, discocca l'arco di colui al quale ogni arme è leggiere. Però quando dico *che tal donna li vide*, è tanto a dire quanto che li occhi suoi e li miei si guardaro. **6.** La seconda cosa che dice, sì è che riprende la sua disobedienza, quando dice: *E perché non credeano a me di lei?* Poi procede a la terza cosa, e dice che non dee sé riprendere di provedimento, ma loro di non ubbidire; però che dice che alcuna volta, di questa donna ragionando, dicesse: Ne li occhi di costei doverebbe esser virtù sopra me, se ella avesse aperta la via di venire; e questo dice quivi: *Io dicea: Ben ne li occhi di costei.* **7.** E ben si dee credere che l'anima mia conoscea la sua disposizione atta a ricevere l'atto di questa donna, e però ne temea; ché l'atto de l'agente si prende nel disposto paziente, sì come dice lo Filosofo nel secondo de l'Anima. E però se la cera avesse spirito da temere, più temerebbe di venire a lo raggio del sole che non farebbe la pietra, però che la sua disposizione riceve quello per più forte operazione. **8.** Ultimamente manifesta l'anima nel suo parlare la presunzione loro pericolosa essere stata, quando dice: *E non mi valse ch'io ne fossi accorta Che non mirasser tal, ch'io ne son morta.* Non là *mirasser*, dice, colui di cui prima detto avea: *Colui che le mie pari ancide.* E così termina le sue parole, a le quali risponde lo novo pensiero, sì come nel seguente capitolo si dichiarerà.

CAPITOLO X

1. Dimostrata è la sentenza di quella parte ne la qual parla l'anima, cioè l'antico pensiero che si corruppe. Ora seguentemente si dee mostrare la sentenza de la parte ne la qual parla lo pensiero nuovo avverso; e questa parte si contiene tutta nel verso che comincia: *Tu non se' morta.* **2.** La qual parte, a bene intendere, si vuole in due partire: che ne la prima [lo pensiero avverso riprende l'anima di viltade; e appresso comanda quello che far dee quest'anima ripresa, cioè ne la seconda] parte, che comincia: *Mira quant'ell'è pietosa.* **3.** Dice adunque, continuandosi a l'ultime sue parole: Non è vero che tu sie morta; ma la cagione per che morta ti pare essere, sì è uno smarrimento nel quale se' caduta vilmente per questa donna che è apparita: - e qui è da notare che, sì come dice Boezio ne la Consolazione, "ogni subito movimento di cose non avviene sanza alcuno discorrimento d'animo" -; e questo vuol dire lo riprendere di questo pensiero. **4.** Lo quale si chiama 'spiritello d'amore' a dare a intendere che lo consentimento mio piegava inver di lui; e così si può questo intendere maggiormente, e conoscere la sua vittoria, quando dice già 'anima nostra', facendosi familiare di quella. **5.** Poi, com'è detto, comanda quello che far dee quest'anima ripresa per venir lei a sé, e lei dice: *Mira quant'ell'è pietosa e umile*; ché sono proprio rimedio a la temenza, de la qual parea l'anima passionata, due cose, e sono queste che, massimamente congiunte, fanno de la persona bene sperare, e massimamente la pietade, la quale fa risplendere ogni altra bontade col lume suo. Per che Virgilio, d'Enea parlando, in sua maggiore loda pietoso lo chiama. **6.** E non è pietade quella che crede la volgar gente, cioè dolersi de l'altrui male, anzi è questo uno suo speziale effetto, che si chiama misericordia ed è passione; ma pietade non è passione, anzi è una nobile disposizione d'animo, apparecchiata di ricevere amore, misericordia e altre caritative passioni. **7.** Poi dice: Mira anco quanto è *saggia e cortese ne la sua grandezza.* Or dice tre cose, le quali, secondo quelle che per noi acquistar si possono, massimamente fanno la persona piacente. Dice 'saggia': or che è più bello in donna che savere? Dice 'cortese': nulla cosa sta più bene in donna che cortesia. E non siano li miseri volgari anche di questo vocabulo ingannati, che credono che cortesia non sia altro che larghezza; e larghezza è una speziale, e non generale, cortesia! **8.** Cortesia e onestade è tutt'uno: e però che ne le corti anticamente le vertudi e li belli costumi s'usavano, sì come oggi s'usa lo contrario, si tolse quello vocabulo da le corti, e fu tanto a dire cortesia quanto uso di corte. Lo qual vocabulo se oggi si togliesse da le corti, massimamente d'Italia, non sarebbe altro a dire che turpezza. **9.** Dice *ne la sua grandezza*. La grandezza temporale de la quale qui s'intende, massimamente sta bene accompagnata con le due predette bontadi, però ch'ell' apre lume che mostra lo bene e l'altro de la persona chiaramente. E quanto savere e quanto abito virtuoso non si pare, per questo lume non avere! e quanta matterìa e quanti vizii si discernono per aver questo lume! **10.** Meglio sarebbe a li miseri grandi, matti, stolti e viziosi, essere in basso stato, ché né in mondo né dopo la vita sarebbero tanto infamati. Veramente per costoro dice Salomone ne lo Ecclesiaste: "E un'altra infermitade pessima vidi sotto lo sole, cioè ricchezze conservate in male del loro signore". **11.** Poi sussequentemente impone a lei, cioè all'anima mia, che chiami omai costei sua donna, promettendo a lei che di ciò assai si contenterà, quando ella sarà de le sue adornezze accorta; e questo dice quivi: *Ché se tu non t'inganni, tu vedrai.* Né altro dice infino a la fine di questo verso. E qui termina la sentenza litterale di tutto quello che in questa canzone dico, parlando a quelle intelligenze celestiali.

CAPITOLO XI

1. Ultimamente, secondo che di sopra disse la littera di questo commento quando partio le parti principali di questa canzone, io mi rivolgo con la faccia del mio sermone a la canzone medesima, e a quella parlo. **2.** E acciò che questa parte più pienamente sia intesa, dico che generalmente si chiama in ciascuna canzone 'tornata', però che li dicitori che prima usaro di farla, fenno quella perché, cantata la canzone, con certa parte del canto ad essa si ritornasse. **3.** Ma io rade volte a quella intenzione la feci, e, acciò che altri se n'accorgesse, rade volte la puosi con l'ordine de la canzone, quanto è a lo numero che a la nota è necessario; ma fecila quando alcuna cosa in adornamento de la canzone era mestiero a dire, fuori de la sua sentenza, sì come in questa e ne l'altre veder si potrà. **4.** E però dico al presente che la bontade e la bellezza di ciascuno sermone sono intra loro partite e diverse; ché la bontade è ne la sentenza, e la bellezza è ne l'ornamento de le parole; e l'una e l'altra è con diletto, avvegna che la bontade sia massimamente dilettosa. **5.** Onde con ciò sia cosa che la bontade di questa canzone fosse malagevole a sentire per le diverse persone che in essa s'inducono a parlare, dove si richeggiono molte distinzioni, e la bellezza fosse agevole a vedere, parvemi mestiero a la canzone che per li altri si ponesse più mente a la bellezza che a la bontade. E questo è quello che dico in questa parte. **6.** Ma però che molte fiate avviene che l'ammonire pare presuntuoso, per certe condizioni suole lo rettorico indirettamente parlare altrui, dirizzando le sue parole non a quello per cui dice, ma verso un altro. E questo modo si tiene qui veramente; ché a la canzone vanno le parole, e a li uomini la 'ntenzione. **7.** Dico adunque: Io credo, canzone, che radi sono, cioè pochi, quelli che intendano te bene. E dico la cagione, la quale è doppia. Prima: però che faticosa parli - 'faticosa', dico, per la cagione che detta è -; poi: però che forte parli - 'forte', dico, quanto a la novitade de la sentenza -. **8.** Ora appresso ammonisco lei e dico: Se per avventura incontra che tu vadi là dove persone siano che dubitare ti paiano ne la tua ragione, non ti smarrire, ma dì loro: Poi che non vedete la mia bontade, ponete mente almeno la mia bellezza. **9.** Che non voglio in ciò altro dire, secondo ch'è detto di sopra, se non: O uomini, che vedere non potete la sentenza di questa canzone, non la rifiutate però; ma ponete mente la sua bellezza, ch'è grande sì per construzione, la quale si pertiene a li gramatici, sì per l'ordine del sermone, che si pertiene a li rettorici, sì per lo numero de le sue parti, che si pertiene a li musici. Le quali cose in essa si possono belle vedere, per chi ben guarda. **10.** E questa è tutta la litterale sentenza de la prima canzone, che è per prima vivanda intesa innanzi.

CAPITOLO XII

1. Poi che la litterale sentenza è sufficientemente dimostrata, è da procedere a la esposizione allegorica e vera. E però principiando ancora da capo, dico che, come per me fu perduto lo primo diletto de la mia anima, de la quale fatta è menzione di sopra, io rimasi di tanta tristizia punto, che conforto non mi valeva alcuno. **2.** Tuttavia, dopo alquanto tempo, la mia mente, che si argomentava di sanare, provide, poi che né 'l mio né l'altrui consolare valea, ritornare al modo che alcuno sconsolato avea tenuto a consolarsi; e misimi a leggere quello non conosciuto da molti libro di Boezio, nel quale, cattivo e discacciato, consolato s'avea. **3.** E udendo ancora che Tullio scritto avea un altro libro nel quale, trattando de l'Amistade, avea toccate parole de la consolazione di Lelio, uomo eccellentissimo, ne la morte di Scipione amico suo, misimi a leggere quello. **4.** E avvegna che duro mi fosse ne la prima entrare ne la loro sentenza, finalmente v'entrai tanto entro, quanto l'arte di gramatica ch'io avea e un poco di mio ingegno potea fare; per lo quale ingegno molte cose, quasi come sognando, già vedea, sì come ne la Vita Nuova si può vedere. **5.** E sì come essere suole che l'uomo va cercando argento e fuori de la 'ntenzione truova oro, lo quale occulta cagione presenta, non forse sanza divino imperio; io, che cercava di consolarme, trovai non solamente a le mie lagrime rimedio, ma vocabuli d'autori e di scienze e di libri: li quali considerando, giudicava bene che la filosofia, che era donna di questi autori, di queste scienze e di questi libri, fosse somma cosa. **6.** E imaginava lei fatta come una donna gentile, e non la poteva immaginare in atto alcuno, se non misericordioso; per che sì volentieri lo senso di vero la mirava, che appena lo potea volgere da quella. **7.** E da questo imaginare cominciai ad andare là dov'ella si dimostrava veracemente, cioè ne le scuole de li religiosi e a le disputazioni de li filosofanti; sì che in picciol tempo, forse di trenta mesi, cominciai tanto a sentire de la sua dolcezza, che lo suo amore cacciava e distruggeva ogni altro pensiero. **8.** Per che io, sentendomi levare dal pensiero del primo amore a la virtù di questo, quasi maravigliandomi apersi la bocca nel parlare de la proposta canzone, mostrando la mia condizione sotto figura d'altre cose: però che de la donna di cu' io m'innamorava non era degna rima di volgare alcuna palesemente po[e]tare; né li uditori erano tanto bene disposti, che avessero sì leggiere le [non] fittizie parole apprese; né sarebbe data loro fede a la sentenza vera, come a la fittizia, però che di vero si credea del tutto che disposto fosse a quello amore, che non si credeva di questo. **9.** Cominciai dunque a dire: *Voi che 'ntendendo il terzo ciel movete.* E perché, sì come detto è, questa donna fu figlia di Dio, regina di tutto, nobilissima e bellissima Filosofia, è da vedere chi furono questi movitori, e questo terzo cielo. E prima del cielo, secondo l'ordine trapassato. **10.** E non è qui mestiere di procedere dividendo, e a littera esponendo; ché, volta la parola fittizia di quello ch'ella suona in quello ch'ella 'ntende, per la passata sposizione questa sentenza fia sufficientemente palese.

CAPITOLO XIII

1. A vedere quello che per lo terzo cielo s'intende, prima si vuol vedere che per questo solo vocabulo 'cielo' io voglio dire; e poi si vedrà come e perché questo terzo cielo ci fu mestiere. **2.** Dico che per cielo intendo la scienza e per cieli le scienze, per tre similitudini che li cieli hanno con le scienze massimamente; e per l'ordine e numero in che paiono convenire, sì come trattando quello vocabulo, cioè 'terzo', si vedrà. **3.** La prima similitudine si è la revoluzione de l'uno e de l'altro intorno a uno suo immobile. Ché ciascuno cielo mobile si volge intorno al suo centro, lo quale, quanto per lo suo movimento, non si muove; e così ciascuna scienza si muove intorno al suo subietto, lo quale essa non muove, però che nulla scienza dimostra lo propio subietto, ma suppone quello. **4.** La seconda similitudine si è lo illuminare de l'uno e de l'altro; ché ciascun cielo illumina le cose visibili, e così ciascuna scienza illumina le intelligibili. **5.** E la terza similitudine si è lo inducere perfezione ne le disposte cose. De la quale induzione, quanto a la prima perfezione, cioè de la generazione sustanziale, tutti li filosofi concordano che li cieli siano cagione, avvegna che diversamente questo pongano: quali da li motori, sì come Plato, Avicenna e Algazel; quali da esse stelle, spezialmente l'anime umane, sì come Socrate, e anche Plato e Dionisio Academico; e quali da vertude celestiale che è nel calore naturale del seme, sì come Aristotile e li altri Peripatetici. **6.** Così de la induzione de la perfezione seconda le scienze sono cagione in noi; per l'abito delle quali potemo la veritade speculare, che è ultima perfezione nostra, sì come dice lo Filosofo nel sesto de l'Etica, quando dice che 'l vero è lo bene de lo intelletto. Per queste, con altre similitudini molte, si può la scienza 'cielo' chiamare. Ora perché 'terzo' cielo si dica è da vedere. **7.** A che è mestiere fare considerazione sovra una comparazione, che è ne l'ordine de li cieli a quello de le scienze. Sì come adunque di sopra è narrato, li sette cieli primi a noi sono quelli de li pianeti; poi sono due cieli sopra questi, mobili, e uno sopra tutti, quieto. **8.** A li sette primi rispondono le sette scienze del Trivio e del Quadruvio, cioè Gramatica, Dialettica, Rettorica, Arismetrica, Musica, Geometria e Astrologia. A l'ottava spera, cioè a la stellata, risponde la scienza naturale, che Fisica si chiama, e la prima scienza, che si chiama Metafisica; a la nona spera risponde la scienza morale; ed al cielo quieto risponde la scienza divina, che è Teologia appellata. E ragione per che ciò sia, brievemente è da vedere. **9.** Dico che 'l cielo de la Luna con la Gramatica si somiglia, perché ad esso si può comparare [per due proprietadi]. Che se la Luna si guarda bene, due cose si veggiono in essa proprie, che non si veggiono ne l'altre stelle. L'una si è l'ombra che è in essa, la quale non è altro che raritade del suo corpo, a la quale non possono terminare li raggi del sole e ripercuotersi così come ne l'altre parti; l'altra si è la variazione de la sua luminositade, che ora luce da uno lato, e ora luce da un altro, secondo che lo sole la vede. **10.** E queste due proprietadi hae la Gramatica: ché, per la sua infinitade, li raggi de la ragione in essa non si terminano, in parte spezialmente de li vocabuli; e luce or di qua or di là, in tanto quanto certi vocabuli, certe declinazioni, certe construzioni sono in uso che già non furono, e molte già furono che ancor saranno: sì come dice Orazio nel principio de la Poetria, quando dice: 'Molti vocabuli rinasceranno che già caddero'. **11.** E lo cielo di Mercurio si può comparare a la Dialettica per due proprietadi: che Mercurio è la più picciola stella del cielo, ché la quantitade del suo diametro non è più che di dugento trentadue miglia, secondo che pone Alfagrano, che dice quello essere de le ventotto parti una del diametro de la terra, lo quale è sei milia cinquecento miglia. L'altra proprietade si è che più va velata de li raggi del Sole che null'altra stella. **12.** E queste due proprietadi sono ne la Dialettica: ché la Dialettica è minore in suo corpo che null'altra scienza, ché perfettamente è compilata e terminata in quello tanto testo che ne l'Arte vecchia e ne la Nuova si truova; e va più velata che nulla scienza, in quanto procede con più sofistici e probabili argomenti più che altra. **13.** E lo cielo di Venere si può comparare a la Rettorica per due proprietadi: l'una si è la chiarezza del suo aspetto, che è soavissima a vedere più che altra stella; l'altra si è la sua apparenza, or da mane or da sera. **14.** E queste due proprietadi sono ne la Rettorica: ché la Rettorica è soavissima di tutte le altre scienze, però che a ciò principalmente intende; e appare da mane, quando dinanzi al viso de l'uditore lo rettorico parla, appare da sera, cioè retro, quando da lettera, per la parte remota, si parla per lo rettorico. **15.** E lo cielo del Sole si può comparare a l'Arismetrica per due proprietadi: l'una si è che del suo lume tutte l'altre stelle s'informano; l'altra si è che l'occhio nol può mirare. **16.** E queste due proprietadi sono ne l'Arismetrica: ché del suo lume tutte s'illuminano le scienze, però che li loro subietti sono tutti sotto alcuno numero considerati, e ne le considerazioni di quelli sempre con numero si procede. **17.** Sì come ne la scienza naturale è subietto lo corpo mobile, lo quale corpo mobile ha in sé ragione di continuitade, e questa ha in sé ragione di numero infinito; e la sua considerazione principalissima è considerare li principii de le cose naturali, li quali sono tre, cioè materia, privazione e forma, ne li quali si vede questo numero. **18.** Non solamente in tutti insieme, ma ancora in ciascuno è numero, chi ben considera sottilmente; per che Pittagora, secondo che dice Aristotile nel primo de la Fisica, poneva li principii de le cose naturali lo pari e lo dispari, considerando tutte le cose esser numero. **19.** L'altra proprietade del Sole ancor si vede nel numero, del quale è l'Arismetrica: che l'occhio de lo 'ntelletto nol può mirare; però che 'l numero, quant'è in sé considerato, è infinito, e questo non potemo noi intendere. **20.** E lo cielo di Marte si può comparare a la Musica per due proprietadi: l'una si è la sua più bella relazione, ché, annumerando li cieli mobili, da qualunque si comincia o da l'infimo o dal sommo, esso cielo di Marte è lo quinto, esso è lo mezzo di tutti, cioè de li primi, de li secondi, de li terzi e de li quarti. **21.** L'altra si è che esso Marte dissecca e arde le cose, perché lo suo calore è simile a quello del fuoco; e questo è quello per che esso pare affocato di colore, quando più e quando meno, secondo la spessezza e raritade de li vapori che 'l seguono: li quali per lor medesimi molte volte s'accendono, sì come nel primo de la Metaura è diterminato. **22.** E però dice Albumasar che l'accendimento di questi vapori significa morte di regi e transmutamento di regni; però che sono effetti de la segnoria di Marte. E Seneca dice però, che ne la morte d'Augusto imperadore vide in alto una palla di fuoco; e in Fiorenza, nel principio de la sua destruzione, veduta fu ne l'aere, in figura d'una croce, grande quantità di questi vapori seguaci de la stella di Marte. **23.** E queste due proprietadi sono ne la Musica, la quale è tutta relativa, sì come si vede ne le parole armonizzate e ne li canti, de' quali tanto più dolce armonia resulta, quanto più la relazione è bella: la quale in essa scienza massimamente è bella, perché massimamente in essa s'intende. **24.** Ancora, la Musica trae a sé li spiriti umani, che quasi sono principalmente vapori del cuore, sì che quasi cessano da ogni operazione: sì è l'anima intera, quando l'ode, e la virtù di tutti quasi corre a lo spirito sensibile che riceve lo suono. **25.** E lo cielo di Giove si può comparare a la Geometria per due proprietadi: l'una si è che muove tra due cieli repugnanti a la sua buona temperanza, sì come quello di Marte e quello di Saturno; onde Tolomeo dice, ne lo allegato libro, che Giove è stella di temperata complessione, in mezzo de la freddura di Saturno e de lo calore di Marte; l'altra si è che intra tutte le stelle bianca si mostra, quasi argentata. **26.** E queste cose sono ne la scienza de la Geometria. La Geometria si muove intra due repugnanti a essa, sì come 'l punto e lo cerchio - e dico 'cerchio' largamente ogni ritondo, o corpo o superficie -; ché, sì come dice Euclide, lo punto è principio di quella, e, secondo che dice, lo cerchio è perfettissima figura in quella, che conviene però avere ragione di fine. **27.** Sì che tra 'l punto e lo cerchio sì come tra principio e fine si muove la Geometria, e questi due a la sua certezza repugnano; ché lo punto per la sua indivisibilità è immensurabile, e lo cerchio per lo suo arco è impossibile a quadrare perfettamente, e però è impossibile a misurare a punto. E ancora la Geometria è bianchissima, in quanto è sanza macula d'errore e certissima per sé e per la sua ancella, che si chiama Perspettiva. **28.** E lo cielo di Saturno hae due proprietadi per le quali si può comparare a l'Astrologia: l'una si è la tardezza del suo movimento per li dodici segni, ché ventinove anni e più, secondo le scritture de li astrologi, vuole di tempo lo suo cerchio; l'altra si è che sopra tutti li altri pianeti esso è alto. **29.** E queste due proprietadi sono ne l'Astrologia: ché nel suo cerchio compiere, cioè ne lo apprendimento di quella, volge grandissimo spazio di tempo, sì per le sue [dimostrazioni], che sono più che d'alcuna de le sopra dette scienze, sì per la esperienza che a ben giudicare in essa si conviene. **30.** E ancora è altissima di tutte le altre. Però che, sì come dice Aristotile nel cominciamento de l'Anima, la scienza è alta di nobilitade per la nobilitade del suo subietto e per la sua certezza: e questa più che alcuna de le sopra dette è nobile e alta per nobile e alto subietto, ch'è de lo movimento del cielo; e alta e nobile per la sua certezza, la quale è sanza ogni difetto, sì come quella che da perfettissimo e regolatissimo principio viene. E se difetto in lei si crede per alcuno, non è da la sua parte, ma, sì come dice Tolomeo, è per la negligenza nostra, e a quella si dee imputare.

CAPITOLO XIV

1. Appresso le comparazioni fatte de li sette primi cieli, è da procedere a li altri, che sono tre, come più volte s'è narrato. Dico che lo Cielo stellato si puote comparare a la Fisica per tre proprietadi, e a la Metafisica per altre tre: ch'ello ci mostra di sé due visibili cose, sì come le molte stelle, e sì come la Galassia, cioè quello bianco cerchio che lo vulgo chiama la Via di Sa' Iacopo; e mostraci l'uno de li poli, e l'altro tiene ascoso; e mostraci uno suo movimento da oriente ad occidente, e un altro, che fa da occidente ad oriente, quasi ci tiene ascoso. Per che per ordine è da vedere prima la comparazione de la Fisica, e poi quella de la Metafisica. **2.** Dico che lo Cielo stellato ci mostra molte stelle; ché secondo che li savi d'Egitto hanno veduto, infino a l'ultima stella che appare loro in meridie, mille ventidue corpora di stelle pongono, di cui io parlo. Ed in questo ha esso grandissima similitudine con la Fisica, se bene si guardano sottilmente questi tre numeri, cioè due e venti e mille. **3.** Ché per lo due s'intende lo movimento locale, lo quale è da uno punto ad un altro di necessitade. E per lo venti significa lo movimento de l'alterazione; ché, con ciò sia cosa che, dal diece in su, non si vada se non esso diece alterando con gli altri nove e con sé stesso, e la più bella alterazione che esso riceva sia la sua di sé medesimo, e la prima che riceve sia venti, ragionevolmente per questo numero lo detto movimento significa. **4.** E per lo mille significa lo movimento del crescere; ché in nome, cioè questo mille, è lo maggiore numero, e più crescere non si può se non questo multiplicando. E questi tre movimenti soli mostra la Fisica, sì come nel quinto del primo suo libro è provato. **5.** E per la Galassia ha questo cielo similitudine grande con la Metafisica. Per che è da sapere che di quella Galassia li filosofi hanno avute diverse oppinioni. Ché li Pittagorici dissero che 'l Sole alcuna fiata errò ne la sua via e, passando per altre parti non convenienti al suo fervore, arse lo luogo per lo quale passò, e rimasevi quella apparenza de l'arsura: e credo che si mossero da la favola di Fetonte, la quale narra Ovidio nel principio del secondo di Metamorfoseos. **6.** Altri dissero, sì come fu Anassagora e Democrito, che ciò era lume di sole ripercusso in quella parte, e queste oppinioni con ragioni dimostrative riprovaro. Quello che Aristotile si dicesse non si può bene sapere di ciò, però che la sua sentenza non si truova cotale ne l'una translazione come ne l'altra. **7.** E credo che fosse lo errore de li translatori; ché ne la Nuova pare dicere che ciò sia uno ragunamento di vapori sotto le stelle di quella parte, che sempre traggono quelli: e questo non pare avere ragione vera. Ne la Vecchia dice che la Galassia non è altro che moltitudine di stelle fisse in quella parte, tanto picciole che distinguere di qua giù non le potemo, ma di loro apparisce quello albore, lo quale noi chiamiamo Galassia: e puote essere, ché lo cielo in quella parte è più spesso e però ritiene e ripresenta quello lume. E questa oppinione pare avere, con Aristotile, Avicenna e Tolomeo. **8.** Onde, con ciò sia cosa che la Galassia sia uno effetto di quelle stelle le quali non potemo vedere, se non per lo effetto loro intendiamo quelle cose, e la Metafisica tratti de le prime sustanzie, le quali noi non potemo simigliantemente intendere se non per li loro effetti, manifesto è che 'l Cielo stellato ha grande similitudine con la Metafisica. **9.** Ancora: per lo polo che vedemo significa le cose sensibili, de le quali, universalmente pigliandole, tratta la Fisica; e per lo polo che non vedemo significa le cose che sono sanza materia, che non sono sensibili, de le quali tratta la Metafisica: e però ha lo detto cielo grande similitudine con l'una scienza e con l'altra. **10.** Ancora: per li due movimenti significa queste due scienze. Ché per lo movimento ne lo quale ogni die si rivolve, e fa nova circulazione di punto a punto, significa le cose naturali corruttibili, che cotidianamente compiono loro via, e la loro materia si muta di forma in forma; e di queste tratta la Fisica. **11.** E per lo movimento quasi insensibile, che fa da occidente in oriente per uno grado in cento anni, significa le cose incorruttibili, le quali ebbero da Dio cominciamento di creazione e non averanno fine: **12.** Però dico che questo movimento significa quelle, che essa circulazione cominciò, e non averebbe fine; ché fine de la circulazione è redire ad uno medesimo punto, al quale non tornerà questo cielo, secondo questo movimento. **13.** Ché dal cominciamento del mondo poco più de la sesta parte è volto; e noi siamo già ne l'ultima etade del secolo, e attendemo veracemente la consumazione del celestiale movimento. E così è manifesto che lo Cielo stellato, per molte proprietadi, si può comparare a la Fisica e a la

Metafisica. **14.** Lo Cielo cristallino, che per Primo Mobile dinanzi è contato, ha comparazione assai manifesta a la Morale Filosofia; ché Morale Filosofia, secondo che dice Tommaso sopra lo secondo de l'Etica, ordina noi a l'altre scienze. **15.** Che, sì come dice lo Filosofo nel quinto de l'Etica, 'la giustizia legale ordina la scienze ad apprendere, e comanda, perché non siano abbandonate, quelle essere apprese e ammaestrate'; e così lo detto cielo ordina col suo movimento la cotidiana revoluzione di tutti li altri, per la quale ogni die tutti quelli ricevono [e mandano] qua giù la vertude di tutte le loro parti. **16.** Che la revoluzione di questo non ordinasse ciò, poco di loro vertude qua giù verrebbe o di loro vista. Onde ponemo che possibile fosse questo nono cielo non muovere, la terza parte del cielo sarebbe ancora non veduta in ciascun luogo de la terra; e Saturno sarebbe quattordici anni e mezzo a ciascuno luogo de la terra celato, e Giove sei anni quasi si celerebbe, e Marte uno anno quasi, e lo Sole centottantadue dì e quattordici ore (dico dì, cioè tanto tempo quanto misurano cotanti dì), e Venere e Mercurio quasi come lo Sole si celerebbe e mosterrebbe, e la Luna per tempo di quattordici dì e mezzo, starebbe ascosa ad ogni gente. **17.** E da vero non sarebbe qua giù generazione né vita d'animale o di piante: notte non sarebbe né die, né settimana né mese né anno, ma tutto l'universo sarebbe disordinato, e lo movimento de li altri sarebbe indarno. **18.** E non altrimenti, cessando la Morale Filosofia, l'altre scienze sarebbero celate alcuno tempo, e non sarebbe generazione né vita di felicitade, e indarno sarebbero scritte e per antico trovate. Per che assai è manifesto, questo cielo [in] sé avere a la Morale Filosofia comparazione. **19.** Ancora: lo Cielo empireo per la sua pace simiglia la divina scienza, che piena è di tutta pace; la quale non soffera lite alcuna d'oppinioni o di sofistici argomenti, per la eccellentissima certezza del suo subietto, lo quale è Dio. E di questa dice esso a li suoi discepoli: "La pace mia do a voi, la pace mia lascio a voi", dando e lasciando a loro la sua dottrina, che è questa scienza di cu' io parlo. **20.** Di costei dice Salomone: "Sessanta sono le regine, e ottanta l'amiche concubine; e de le ancille adolescenti non è numero: una è la colomba mia e la perfetta mia". Tutte scienze chiama regine e drude e ancille; e questa chiama colomba perché è sanza macula di lite, e questa chiama perfetta perché perfettamente ne fa il vero vedere nel quale si cheta l'anima nostra. E però, ragionata così la comparazione de li cieli a le scienze, vedere si può che per lo terzo cielo io intendo la Rettorica, la quale al terzo cielo è simigliata, come di sopra pare.

CAPITOLO XV

1. Per le ragionate similitudini si può vedere chi sono questi movitori a cu' io parlo. Ché sono di quello movitori, sì come Boezio e Tullio (li quali con la dolcezza di loro sermone inviarono me, come è detto di sopra, ne lo amore, cioè ne lo studio, di questa donna gentilissima Filosofia), con li raggi de la stella loro, la quale è la scrittura di quella: onde in ciascuna scienza la scrittura è stella piena di luce, la quale quella scienza dimostra. **2.** E, manifesto questo, vedere si può la vera sentenza del primo verso de la canzone proposta, per la esposizione fittizia e litterale. E per questa medesima esposizione si può lo secondo verso intendere sufficientemente, infino a quella parte dove dice: *Questi mi face una donna guardare.* **3.** Ove si vuole sapere che questa donna è la Filosofia; la quale veramente è donna piena di dolcezza, ornata d'onestade, mirabile di savere, gloriosa di libertade, sì come nel terzo trattato, dove la sua nobilitade si tratterà, fia manifesto. **4.** E là dove dice: *Chi veder vuol la salute, Faccia che li occhi d'esta donna miri,* li occhi di questa donna sono le sue demonstrazioni le quali, dritte ne li occhi de lo 'ntelletto, innamorano l'anima, liberata da le con[tra]dizioni. O dolcissimi e ineffabili sembianti, e rubatori subitani de la mente umana, che ne le mostrazioni de li occhi de la Filosofia apparite, quando essa con li suoi drudi ragiona! Veramente in voi è la salute, per la quale si fa beato chi vi guarda, e salvo da la morte de la ignoranza e da li vizii. **5.** Ove si dice: *Sed e' non teme angoscia di sospiri,* qui si vuole intendere se elli non teme labore di studio e lite di dubitazioni, le quali dal principio de li sguardi di questa donna multiplicatamente surgono, e poi, continuando la sua luce, caggiono, quasi come nebulette matutine a la faccia del sole; e rimane libero e pieno di certezza lo familiare intelletto, sì come l'aere da li raggi meridiani purgato e illustrato. **6.** Lo terzo verso ancora s'intende per la sposizione litterale infino là dove dice: *L'anima piange.* Qui si vuole bene attendere ad alcuna moralitade, la quale in queste parole si può notare: che non dee l'uomo, per maggiore amico, dimenticare li servigi ricevuti dal minore; ma se pur seguire si conviene l'uno e lasciar l'altro, lo migliore è da seguire, con alcuna onesta lamentanza l'altro abbandonando, ne la quale dà cagione, a quello che segue, di più amore. **7.** Poi dove dice: *De li occhi miei,* non vuole altro dire, se non che forte fu l'ora che la prima demonstrazione di questa donna entrò ne li occhi de lo 'ntelletto mio, la quale fu cagione di questo innamoramento propinquissima. **8.** E là dove dice: *le mie pari,* s'intende l'anime libere de le misere e vili delettazioni e de li vulgari costumi, d'ingegno e di memoria dotate. E dice poi: *ancide;* e dice poi: *son morta;* che pare contro a quello che detto è di sopra de la salute di questa donna. **9.** E però è da sapere che qui parla l'una de le parti, e là parla l'altra; le quali diversamente litigano, secondo che di sopra è manifesto. Onde non è maraviglia se là dice 'sì' e qui dice 'no', se bene si guarda chi discende e chi sale. **10.** Poi nel quarto verso, dove dice: *uno spiritel d'amore,* s'intende uno pensiero che nasce del mio studio. Onde è da sapere che per amore, in questa allegoria, sempre s'intende esso studio, lo quale è applicazione de l'animo innamorato de la cosa a quella cosa. **11.** Poi quando dice: *tu vedrai Di sì alti miracoli adornezza,* annunzia che per lei si vedranno li adornamenti de li miracoli: e vero dice, ché li adornamenti de le maraviglie è vedere le cagioni di quelle; le quali ella dimostra, sì come nel principio de la Metafisica pare sentire lo Filosofo, dicendo che, per questi adornamenti vedere, cominciaro li uomini ad innamorare di questa donna. E di questo vocabulo, cioè 'maraviglia', nel seguente trattato più pienamente si parlerà. **12.** Tutto l'altro che segue poi di questa canzone, sofficientemente è per l'altra esposizione manifesto. E così, in fine di questo secondo trattato, dico e affermo che la donna di cu' io innamorai appresso lo primo amore fu la bellissima e onestissima figlia de lo imperadore de lo universo, a la quale Pittagora pose nome Filosofia. E qui si termina lo secondo trattato, [che è ordinato a sponere la canzone] che per prima vivanda è messa innanzi.

TRATTATO TERZO

CANZONE SECONDA

Amor che ne la mente mi ragiona
de la mia donna disiosamente,
move cose di lei meco sovente,
che lo 'ntelletto sovr'esse disvia.
5 Lo suo parlar sì dolcemente sona,
che l'anima ch'ascolta e che lo sente
dice: "Oh me lassa! ch'io non son possente
di dir quel ch'odo de la donna mia!"
E certo e' mi convien lasciare in pria,
10   s'io vo' trattar di quel ch'odo di lei,
ciò che lo mio intelletto non comprende;
e di quel che s'intende
gran parte, perché dirlo non savrei.
Però se le mie rime avran difetto
15   ch'entreran ne la loda di costei,
di ciò si biasmi il debole intelletto
e 'l parlar nostro, che non ha valore
di ritrar tutto ciò che dice Amore.
Non vede il sol, che tutto 'l mondo gira,
20   cosa tanto gentil, quanto in quell'ora
che luce ne la parte ove dimora
la donna, di cui dire Amor mi face.
Ogni Intelletto di là su la mira,
e quella gente che qui s'innamora
25   ne lor pensieri la truovano ancora
quando Amor fa sentir de la sua pace.
Suo esser tanto a Quei che lel dà piace,
che 'nfonde sempre in lei la sua vertute
oltre 'l dimando di nostra natura.
30   La sua anima pura,
che riceve da Lui questa salute,
lo manifesta in quel ch'ella conduce:
ché 'n sue bellezze son cose vedute
che li occhi di color dov'ella luce
35   ne mandan messi al cor pien di desiri,
che prendon aire e diventan sospiri.
In lei discende la virtù divina

sì come face in angelo che 'l vede;
e qual donna gentil questo non crede,
40   vada con lei e miri li atti sui.
  Quivi dov'ella parla si dichina
un spirito da ciel, che reca fede
come l'alto valor ch'ella possiede
è oltre quel che si conviene a nui.
45   Li atti soavi ch'ella mostra altrui
vanno chiamando Amor ciascuno a prova
in quella voce che lo fa sentire.
  Di costei si può dire:
gentile è in donna ciò che in lei si trova,
50   e bello è tanto quanto lei simiglia.
  E puossi dir che 'l suo aspetto giova
a consentir ciò che par maraviglia;
onde la nostra fede è aiutata:
però fu tal da etterno ordinata.
55   Cose appariscon ne lo suo aspetto,
che mostran de' piacer di Paradiso,
dico ne li occhi e nel suo dolce riso,
che le vi reca Amor com'a suo loco.
  Elle soverchian lo nostro intelletto
60   come raggio di sole un frale viso:
e perch'io non le posso mirar fiso,
mi convien contentar di dirne poco.
  Sua bieltà piove fiammelle di foco,
animate d'un spirito gentile
65   ch'è creatore d'ogni pensier bono;
e rompon come trono
l'innati vizii che fanno altrui vile.
  Però qual donna sente sua bieltate
biasmar per non parer queta e umile,
70   miri costei ch'è essemplo d'umiltate!
  Questa è colei ch'umilia ogni perverso:
costei pensò Chi mosse l'universo.
  Canzone, e' par che tu parli contraro
al dir d'una sorella che tu hai;
75   che questa donna che tanto umil fai
ella la chiama fera e disdegnosa.
  Tu sai che 'l ciel sempr'è lucente e chiaro,
e quanto in sé, non si turba già mai;
ma li nostri occhi per cagioni assai

80   chiaman la stella talor tenebrosa.
     Così, quand'ella la chiama orgogliosa,
     non considera lei secondo il vero,
     ma pur secondo quel ch'a lei parea:
     ché l'anima temea,
85   e teme ancora, sì che mi par fero
     quantunqu'io veggio là 'v'ella mi senta.
     Così ti scusa se ti fa mestero;
     e quando pòi, a lei ti rappresenta:
     dirai: "Madonna, s'ello v'è a grato,
90   io parlerò di voi in ciascun lato".

CAPITOLO I

1. Così come nel precedente trattato si ragiona, lo mio secondo amore prese cominciamento da la misericordiosa sembianza d'una donna. Lo quale amore poi, trovando la mia disposta vita al suo ardore, a guisa di fuoco, di picciolo in grande fiamma s'accese; sì che non solamente vegghiando, ma dormendo, lume di costei ne la mia testa era guidato. **2.** E quanto fosse grande lo desiderio che Amore di vedere costei mi dava, né dire né intendere si potrebbe. E non solamente di lei era così disidiroso, ma di tutte quelle persone che alcuna prossimitade avessero a lei, o per familiaritade o per parentela alcuna. **3.** Oh quante notti furono, che li occhi de l'altre persone chiusi dormendo si posavano, che li miei ne lo abitaculo del mio amore fisamente miravano! E sì come lo multiplicato incendio pur vuole di fuori mostrarsi, che stare ascoso è impossibile, volontade mi giunse di parlare d'amore, l[a] quale del tutto tenere non potea. **4.** E avvegna che poca podestade io potesse avere di mio consiglio, pure in tanto, o per volere d'Amore o per mia prontezza, ad esso m'accostai per più fiate, che io deliberai e vidi che, d'amor parlando, più bello né più profittabile sermone non era che quello nel quale si commendava la persona che s'amava. **5.** E a questo deliberamento tre ragioni m'informaro: de le quali l'una fu lo proprio amore di me medesimo, lo quale è principio di tutti li altri, sì come vede ciascuno. Ché più licito né più cortese modo di fare a sé medesimo altri onore non è, che onorare l'amico. Che con ciò sia cosa che intra dissimili amistà essere non possa, dovunque amistà si vede similitudine s'intende; e dovunque similitudine s'intende corre comune la loda e lo vituperio. **6.** E di questa ragione due grandi ammaestramenti si possono intendere: l'uno si è di non volere che alcuno vizioso si mostri amico, perché in ciò si prende oppinione non buona di colui cui amico si fa; l'altro si è, che nessuno dee l'amico suo biasimare palesemente, però che a sé medesimo dà del dito ne l'occhio, se ben si mira la predetta ragione. **7.** La seconda ragione fu lo desiderio de la durazione di questa amistade. Onde è da sapere che, sì come dice lo Filosofo nel nono de l'Etica, ne l'amistade de le persone dissimili di stato conviene, a conservazione di quella, una proporzione essere intra loro che la dissimilitudine a similitudine quasi reduca. **8.** Sì com'è intra lo signore e lo servo: ché, avvegna che lo servo non possa simile beneficio rendere a lo signore quando da lui è beneficiato, dee però rendere quello che migliore può con tanta sollicitudine di prontezza, che quello che è dissimile per sé si faccia simile per lo mostramento de la buona volontade; la quale manifesta, l'amistade si ferma e si conserva. **9.** Per che io, considerando me minore che questa donna, e veggendo me beneficiato da lei, [proposi] di lei commendare secondo la mia facultade, la quale, se non simile è per sé, almeno la pronta volontade mostra; (ché, se più potesse, più farei), e così si fa simile a quella di questa gentil donna. **10.** La terza ragione fu uno argomento di provedenza; ché, sì come dice Boezio, "non basta di guardare pur quello che è dinanzi a li occhi", cioè lo presente, e però n'è data la provedenza che riguarda oltre, a quello che può avvenire. **11.** Dico che pensai che da molti, di retro da me, forse sarei stato ripreso di levezza d'animo, udendo me essere dal primo amore mutato; per che, a torre via questa riprensione, nullo migliore argomento era che dire quale era quella donna che m'avea mutato. **12.** Ché, per la sua eccellenza manifesta, avere si può considerazione de la sua virtude; e per lo 'ntendimento de la sua grandissima virtù, si può pensare ogni stabilitade d'animo essere a quella mutabile e però me non giudicare lieve e non stabile. Impresi dunque a lodare questa donna, e se non come si convenisse, almeno innanzi quanto io potesse; e cominciai a dire: *Amor che ne la mente mi ragiona.* **13.** Questa canzone principalmente ha tre parti. La prima è tutto lo primo verso, nel quale proemialmente si parla. La seconda sono tutti e tre li versi seguenti, ne li quali si tratta quello che dire s'intende, cioè la loda di questa gentile; lo primo de li quali comincia: *Non vede il sol, che tutto 'l mondo gira.* La terza parte è lo quinto e l'ultimo verso, nel quale, dirizzando le parole a la canzone, purgo lei d'alcuna dubitanza. E di queste tre parti per ordine è da ragionare.

CAPITOLO II

1. Faccendomi dunque da la prima parte, che proemio di questa canzone fu ordinata, dico che dividere in tre parti si conviene. Che prima si tocca la ineffabile condizione di questo tema; secondamente si narra la mia insufficienza a questo perfettamente trattare: e comincia questa seconda parte: *E certo e' mi convien lasciare in pria*; ultimamente mi scuso da insufficienza, ne la quale non si dee porre a me colpa: e questo comincio quando dico: *Però, se le mie rime avran difetto.* **2.** Dice adunque: *Amor che ne la mente mi ragiona*; dove principalmente è da vedere chi è questo ragionatore, e che è questo loco nel quale dico esso ragionare. **3.** Amore, veramente pigliando e sottilmente considerando, non è altro che unimento spirituale de l'anima e de la cosa amata; nel quale unimento di propia sua natura l'anima corre tosto e tardi, secondo che è libera o impedita. **4.** E la ragione di questa naturalitade può essere questa. Ciascuna forma sustanziale procede da la sua prima cagione, la quale è Iddio, sì come nel libro Di Cagioni è scritto, e non ricevono diversitade per quella, che è semplicissima, ma per le secondarie cagioni e per la materia in che discende. Onde nel medesimo libro si scrive, trattando de la infusione de la bontà divina: "E fanno[si] diverse le bontadi e li doni per lo concorrimento de la cosa che riceve". **5.** Onde, con ciò sia cosa che ciascuno effetto ritegna de la natura de la sua cagione - sì come dice Alpetragio quando afferma che quello che è causato da corpo circulare ne ha in alcuno modo circulare essere -, ciascuna forma ha essere de la divina natura in alcun modo: non che la divina natura sia divisa e comunicata in quelle, ma da quelle è participata per lo modo quasi che la natura del sole è participata ne l'altre stelle. **6.** E quanto la forma è più nobile, tanto più di questa natura tiene; onde l'anima umana, che è forma nobilissima di queste che sotto lo cielo sono generate, più riceve de la natura divina che alcun'altra. **7.** E però che naturalissimo è in Dio volere essere - però che, sì come ne lo allegato libro si legge, "prima cosa è l'essere, e anzi a quello nulla è" -, l'anima umana essere vuole naturalmente con tutto desiderio; e però che 'l suo essere dipende da Dio e per quello si conserva, naturalmente disia e vuole essere a Dio unita per lo suo essere fortificare. **8.** E però che ne le bontadi de la natura e de la ragione si mostra la divina, viene che naturalmente l'anima umana con quelle per via spirituale si unisce, tanto più tosto e più forte quanto quelle più appaiono perfette: lo quale apparimento è fatto secondo che la conoscenza de l'anima è chiara o impedita. **9.** E questo unire è quello che noi dicemo amore, per lo quale si può conoscere quale è dentro l'anima, veggendo di fuori quelli che ama. Questo amore, cioè l'unimento de la mia anima con questa gentil donna, ne la quale de la divina luce assai mi si mostrava, è quello ragionatore del quale io dico; poi che da lui continui pensieri nasceano, miranti e esaminanti lo valore di questa donna che spiritualmente fatta era con la mia anima una cosa.

10. Lo loco nel quale dico esso ragionare si è la mente; ma per dire che sia la mente, non si prende di ciò più intendimento che di prima, e però è da vedere che questa mente propriamente significa. **11.** Dico adunque che lo Filosofo nel secondo de l'Anima, partendo le potenze di quella, dice che l'anima principalmente hae tre potenze, cioè vivere, sentire e ragionare: e dice anche muovere; ma questa si può col sentire fare una, però che ogni anima che sente; o con tutti i sensi o con alcuno solo, si muove; sì che muovere è una potenza congiunta col sentire. **12.** E secondo che esso dice, è manifestissimo che queste potenze sono intra sé per modo che l'una è fondamento de l'altra; e quella che è fondamento puote per sé essere partita, ma l'altra, che si fonda sopra essa, non può da quella essere partita. Onde la potenza vegetativa, per la quale si vive, è fondamento sopra 'l quale si sente, cioè vede, ode, gusta odora e tocca; e questa vegetativa potenza per sé puote essere anima, sì come vedemo ne le piante tutte. **13.** La sensitiva sanza quella essere non puote, e non si truova in alcuna cosa che non viva; e questa sensitiva potenza è fondamento de la intellettiva cioè de la ragione: e però ne le cose animate mortali la ragionativa potenza sanza la sensitiva non si truova, ma la sensitiva si truova sanza questa, sì come ne le bestie, ne li uccelli, ne' pesci e in ogni animale bruto vedemo. **14.** E quella anima che tutte queste potenze comprende, e perfettissima di tutte l'altre, è l'anima umana, la quale con la nobilitade de la potenza ultima, cioè ragione, participa de la divina natura a guisa di sempiterna intelligenzia; però che l'anima è tanto in quella sovrana potenza nobilitata e dinudata da materia, che la divina luce, come in angelo, raggia in quella: e però è l'uomo divino animale da li filosofi chiamato. **15.** In questa nobilissima parte de l'anima sono più vertudi, sì come dice lo Filosofo massimamente nel sesto de l'[Etica]; dove dice che in essa è una vertù che si chiama scientifica, e una che si chiama ragionativa, o vero consigliativa: e con quest[e] sono certe vertudi - sì come in quello medesimo luogo Aristotile dice - sì come la vertù inventiva e giudicativa. **16.** E tutte queste nobilissime vertudi, e l'altre che sono in quella eccellentissima potenza, sì chiama insieme con questo vocabulo, del quale si volea sapere che fosse, cioè mente. Per che è manifesto che per mente s'intende questa ultima e nobilissima parte de l'anima. **17.** E che ciò fosse lo 'ntendimento, si vede: ché solamente de l'uomo e de le divine sustanze questa mente si predica, sì come per Boezio si puote apertamente vedere, che prima la predica de li uomini, ove dice a la Filosofia: "Tu e Dio, che ne la mente te de li uomini mise"; poi la predica di Dio, quando dice a Dio: "Tutte le cose produci da lo superno essemplo, tu, bellissimo, bello mondo ne la mente portante". **18.** Né mai d'animale bruto predicata fue, anzi di molti uomini, che de la parte perfettissima paiono defettivi, non pare potersi né doversi predicare; e però cotali sono chiamati ne la gramatica amenti e dementi, cioè sanza mente. **19.** Onde si puote omai vedere che è mente: che è quella fine e preziosissima parte de l'anima che è deitade. E questo è il luogo dove dico che Amore mi ragiona de la mia donna.

CAPITOLO III

1. Non sanza cagione dico che questo amore ne la mente mia fa la sua operazione; ma ragionevolemente ciò si dice, a dare a intendere quale amore è questo, per lo loco nel quale adopera. **2.** Onde è da sapere che ciascuna cosa, come detto è di sopra, per la ragione di sopra mostrata ha 'l suo speziale amore. Come le corpora simplici hanno amore naturato in sé a lo luogo proprio, e però la terra sempre discende al centro; lo fuoco ha [amore a] la circunferenza di sopra, lungo lo cielo de la luna, e però sempre sale a quello. **3.** Le corpora composte prima, sì come sono le minere, hanno amore a lo luogo dove la loro generazione è ordinata, e in quello crescono e acquistano vigore e potenza; onde vedemo la calamita sempre da la parte de la sua generazione ricevere vertù. **4.** Le piante, che sono prima animate, hanno amore a certo luogo più manifestamente, secondo che la complessione richiede; e però vedemo certe piante lungo l'acque quasi c[ontent]arsi, e certe sopra li gioghi de le montagne, e certe ne le piagge e dappiè monti: le quali se si transmutano, o muoiono del tutto o vivono quasi triste, disgiunte dal loro amico. **5.** Li animali bruti hanno più manifesto amore non solamente a li luoghi, ma l'uno l'altro vedemo amare. Li uomini hanno loro proprio amore a le perfette e oneste cose. E però che l'uomo, avvegna che una sola sustanza sia, tuttavia [la] forma, per la sua nobilitade, ha in sé e la natura [d'ognuna di] queste cose, tutti questi amori puote avere e tutti li ha. **6.** Ché per la natura del simplice corpo, che ne lo subietto signoreggia, naturalmente ama l'andare in giuso; e però quando in su muove lo suo corpo, più s'affatica. Per la natura seconda, del corpo misto, ama lo luogo de la sua generazione, e ancora lo tempo; e però ciascuno naturalmente è di più virtuoso corpo ne lo luogo dove è generato e nel tempo de la sua generazione che in altro. **7.** Onde si legge ne le storie d'Ercule, e ne l'Ovidio Maggiore e in Lucano e in altri poeti, che combattendo con lo gigante che si chiamava Anteo, tutte volte che lo gigante era stanco, e elli ponea lo suo corpo sopra la terra disteso o per sua volontà o per forza d'Ercule, forza e vigore interamente de la terra in lui resurgea, ne la quale e de la quale era esso generato. **8.** Di che accorgendosi Ercule, a la fine prese lui; e stringendo quello e levatolo da la terra, tanto lo tenne sanza lasciarlo a la terra ricongiugnere, che lo vinse per soperchio e uccise. E questa battaglia fu in Africa, secondo le testimonianze de le scritture. **9.** E per la natura terza, cioè de le piante, ha l'uomo amore a certo cibo, (non in quanto è sensibile, ma in quanto è notribile), e quello cotale cibo fa l'opera di questa natura perfettissima, e l'altro non così, ma falla imperfetta. E però vedemo certo cibo fare li uomini formosi e membruti e bene vivacemente colorati, e certi fare lo contrario di questo. **10.** E per la natura quarta, de li animali, cioè sensitiva, hae l'uomo altro amore, per lo quale ama secondo la sensibile apparenza, sì come bestia; e questo amore ne l'uomo massimamente ha mestiere di rettore per la sua soperchievole operazione, ne lo diletto massimamente del gusto e del tatto. **11.** E per la quinta e ultima natura, cioè vera umana o, meglio dicendo, angelica, cioè razionale, ha l'uomo amore a la veritade e a la vertude; e da questo amore nasce la vera e perfetta amistade, de l'onesto tratta, de la quale parla lo Filosofo ne l'ottavo de l'Etica, quando tratta de l'amistade. **12.** Onde, acciò che questa natura si chiama mente, come di sopra è mostrato, dissi 'Amore ragionare ne la mente', per dare ad intendere che questo amore era quello che in quella nobilissima natura nasce, cioè di veritade e di vertude, e per ischiudere ogni falsa oppinione da me, per la quale fosse sospicato lo mio amore essere per sensibile dilettazione. Dico poi *disiosamente*, a dare ad intendere la sua continuanza e lo suo fervore. **13.** E dico che 'move sovente cose che fanno disviare lo 'ntelletto'. E veramente dico; però che li miei pensieri, di costei ragionando, molte fiate voleano cose conchiudere di lei che io non le potea intendere, e smarrivami, sì che quasi parea di fuori alienato: come chi guarda col viso co[me] una retta linea, prima vede le cose prossime chiaramente; poi, procedendo, meno le vede chiare; poi, più oltre, dubita; poi, massimamente oltre procedendo, lo viso disgiunto nulla vede. **14.** E quest'è l'una ineffabilitade di quello che io per tema ho preso; e consequentemente narro l'altra, quando dico: *Lo suo parlare*. E dico che li miei pensieri - che sono parlare d'Amore - 'sonan sì dolci' che la mia anima, cioè lo mio affetto, arde di potere ciò con la lingua narrare; e perché dire nol posso, dico che l'anima se ne lamenta dicendo: *lassa! ch'io non son possente.* **15.** E questa è l'altra ineffabilitade; cioè che la lingua non è di quello che lo 'ntelletto vede compiutamente seguace. E dico *l'anima ch'ascolta e che lo sente*: 'ascoltare', quanto a le parole, e 'sentire', quanto a la dolcezza del suono.

CAPITOLO IV

1. Quando ragionate sono le due ineffabilitadi di questa matera, conviensi procedere a ragionare le parole che narrano la mia insufficienza. Dico adunque che la mia insufficienza procede doppiamente, sì come doppiamente trascende l'altezza di costei, per lo modo che detto è. **2.** Ché a me conviene lasciare per povertà d'intelletto molto di quello che è vero di lei, e che quasi ne la mia mente raggia, la quale come corpo diafano riceve quello, non terminando: e questo dico in quella seguente particula: *E certo e' mi conven lasciare in pria.* **3.** Poi quando dico: *E di quel che s'intende,* dico che non pur a quello che lo mio intelletto non sostiene, ma eziandio a quello che io intendo sufficiente [non sono], però che la lingua mia non è di tanta facundia che dire potesse ciò che nel pensiero mio se ne ragiona; per che è da vedere che, a rispetto de la veritade, poco fia quello che dirà. E ciò resulta in grande loda di costei, se bene si guarda: ne la quale principalmente s'intende; e quella orazione si può dir bene che vegna da la fabrica del rettorico, ne la quale ciascuna parte pone mano a lo principale intento. **4.** Poi quando dice: *Però, se le mie rime avran difetto,* escusomi da una colpa de la quale non deggio essere colpato, veggendo altri le mie parole essere minori che la dignitade di questa; e dico che se difetto fia ne le mie rime, cioè ne le mie parole che a trattare di costei sono ordinate, di ciò è da biasimare la debilitade de lo 'ntelletto e la cortezza del nostro parlare: lo quale per lo pensiero è vinto, sì che seguire lui non puote a pieno, massimamente là dove lo pensiero nasce da amore, perché quivi l'anima profondamente più che altrove s'ingegna. **5.** Potrebbe dire alcuno: 'tu scusi [e accusi] te insiememente'. Ché argomento di colpa è, non purgamento, in quanto la colpa si dà a lo 'ntelletto e al parlare che è mio; ché, sì, come, s'elli è buono, io deggio di ciò essere lodato in quanto così [è, così,] s'elli è defettivo, deggio essere biasimato. A ciò si può brievemente rispondere che non m'accuso, ma iscuso veramente. **6.** E però è da sapere, secondo la sentenza del Filosofo nel terzo de l'Etica, che l'uomo è degno di loda e di vituperio solo in quelle cose che sono in sua podestà di fare o di non fare; ma in quelle ne le quali non ha podestà non merita né vituperio né loda, però che l'uno e l'altro è da rendere ad altrui, avvegna che le cose siano parte de l'uomo medesimo. **7.** Onde noi non dovemo vituperare l'uomo, perché sia del corpo da sua nativitade laido, però che non fu in sua podestà farsi bello; ma dovemo vituperare la mala disposizione de la materia onde esso è fatto, che fu principio del peccato de la natura. E così non dovemo lodare l'uomo per biltate che abbia da sua nativitade ne lo suo corpo, ché non fu ello di ciò fattore, ma dovemo lodare l'artefice, cioè la natura umana, che tanta bellezza produce ne la sua materia quando impedita da essa non è. **8.** E però disse bene lo prete a lo 'mperadore, che ridea e schernia la laidezza del suo corpo: "Dio è segnore: esso fece noi e non essinoi"; e sono queste parole del Profeta, in uno verso del Saltero scritte né più né meno come ne la risposta del prete. E però veggiamo li cattivi malnati, che pongono lo studio loro in azzimare la loro [persona e non curano di ornare la loro] operazione, che dee essere tutta con onestade; che non è altro a fare che ornare l'opera d'altrui e abbandonare la propria. **9.** Tornando adunque al proposito, dico che nostro intelletto, per difetto de la virtù da la quale trae quello ch'el vede, che è virtù organica, cioè la fantasia, non puote a certe cose salire (però che la fantasia nol puote aiutare, ché non ha lo di che), sì come sono le sustanze partite da materia; de le quali se alcuna considerazione [sanza] di quella avere potemo, intendere non le potemo né comprendere perfettamente. **10.** E di ciò non è l'uomo da biasimare, ché non esso, dico, fue di questo difetto fattore, anzi fece ciò la natura universale, cioè Iddio, che volse in questa vita privare noi da questa luce; che, perché elli lo si facesse, presuntuoso sarebbe a ragionare. **11.** Sì che, se la mia considerazione mi transportava in parte dove la fantasia venia meno a lo 'ntelletto, se io non potea intendere non sono da biasimare. Ancora, è posto fine al nostro ingegno, a ciascuna sua operazione, non da noi ma da l'universale natura; e però è da sapere che più ampi sono li termini de lo 'ngegno [a pensare] che a parlare, e più ampi a parlare che ad accennare. **12.** Dunque se 'l pensier nostro, non solamente quello che a perfetto intelletto non viene ma eziandio quello che a perfetto intelletto si termina, è vincente del parlare, non semo noi da biasimare, però che non semo di ciò fattori. **13.** E però manifesto me veramente scusare quando dico: *Di ciò si biasmi il debole intelletto E 'l parlar nostro, che non ha valore Di ritrar tutto ciò che dice Amore*; ché assai si dee chiaramente vedere la buona volontade, a la quale aver si dee rispetto ne li meriti umani. E così omai s'intenda la prima parte principale di questa canzone, che corre mo per mano.

CAPITOLO V

1. Quando, ragionando per la prima parte, aperta è la sentenza di quella, procedere si conviene a la seconda; de la quale per meglio vedere, tre parti se ne vogliono fare, secondo che in tre versi si comprende. Che ne la prima parte io commendo questa donna interamente e comunemente, sì ne l'anima come nel corpo; ne la seconda discendo a laude speziale de l'anima; ne la terza a laude speziale del corpo. **2.** La prima parte comincia: *Non vede il sol, che tutto 'l* *mondo gira*; la seconda comincia: *In lei discende la virtù divina*; la terza comincia: *Cose appariscon ne lo suo aspetto*; e queste parti secondo ordine sono da ragionare. **3.** Dice adunque: *Non vede il sol, che tutto 'l mondo gira*; dove è da sapere, a perfetta intelligenza avere, come lo mondo dal sole è girato. Prima dico che per lo mondo io non intendo qui tutto 'l corpo de l'universo, ma solamente questa parte del mare e de la terra, seguendo la volgare voce, ché così s'usa chiamare: onde dice alcuno, 'quelli hae tutto lo mondo veduto', dicendo parte del mare e della terra. **4.** Questo mondo volse Pittagora e li suoi seguaci dicere che fosse una de le stelle e che un'altra a lei fosse opposita, così fatta, e chiamava quella Anticthona; e dicea ch'erano ambe in una spera che si volvea da occidente in oriente (e per questa revoluzione sì girava lo sole intorno a noi, e ora si vedea e ora non si vedea). **5.** E dicea che 'l fuoco era nel mezzo di queste, ponendo quello essere più nobile corpo che l'acqua e che la terra, e ponendo lo mezzo nobilissimo intra li luoghi de li quattro corpi simplici: e però dicea che 'l fuoco, quando parea salire, secondo lo vero al mezzo discendea. **6.** Platone fu poi d'altra oppinione, e scrisse in uno suo libro che si chiama Timeo, che la terra col mare era bene lo mezzo di tutto, ma che 'l suo tondo tutto si girava a torno al suo centro, seguendo lo primo movimento del cielo; ma tarda molto, per la sua grossa matera e per la massima distanza da quello. **7.** Queste oppinioni sono riprovate per false nel secondo De Celo et Mundo da quello glorioso filosofo al quale la natura più aperse li suoi segreti; e per lui quivi è provato, questo mondo, cioè la terra, stare in sé stabile e fissa in sempiterno. E le sue ragioni, che Aristotile dice a rompere costoro e affermare la veritade, non è mia intenzione qui narrare, perché assai basta a la gente a cu' io parlo, per la sua grande autoritade sapere che questa terra è fissa e non si gira, e che essa col mare è centro del cielo. **8.** Questo cielo si gira intorno a questo centro continuamente, sì come noi vedemo; ne la cui girazione conviene di necessitade essere due poli fermi, e uno cerchio equalmente distante da quelli, che massimamente giri. Di questi due poli, l'uno è manifesto quasi a tutta la terra discoperta, cioè questo settentrionale; l'altro è quasi a tutta la discoperta terra celato, cioè lo meridionale. Lo cerchio che nel mezzo di questi s'intende, si è quella parte del cielo sotto la quale si gira lo sole, quando va con l'Ariete e con la Libra. **9.** Onde è da sapere, che se una pietra potesse cadere da questo nostro polo, ella cadrebbe là oltre nel mare Oceano, a punto in su quel dosso del mare dove, se fosse uno uomo, la stella [li] sarebbe sempre in sul mezzo del capo; e credo che da Roma a questo luogo, andando diritto per tramontana, sia spazio quasi di dumila secento miglia, o poco dal più al meno. **10.** Imaginando adunque, per meglio vedere, in questo luogo ch'io dissi sia una cittade e abbia nome Maria, dico ancora che se da l'altro polo, cioè meridionale, cadesse una pietra, ch'ella caderebbe in su quel dosso del mare Oceano ch'è a punto in questa palla opposito a Maria. E credo che da Roma là dove caderebbe questa seconda pietra, diritto andando per lo mezzogiorno, sia spazio di settemila cinquecento miglia, o poco dal più al meno. **11.** E qui imaginiamo un'altra cittade, che abbia nome Lucia. Evvi, tra l'una e l'altra, mezzo lo cerchio di tutta questa palla, ed ispazio, da qualunque lato si tira la corda, di diecimila dugento miglia, sì che li cittadini di Maria tengono le piante contra le piante di quelli di Lucia. **12.** Imaginisi anco uno cerchio in su questa palla, che sia in ciascuna parte sua tanto lungi da Maria quanto da Lucia. Credo che questo cerchio - secondo ch'io comprendo per le sentenze de li astrologi, e per quella d'Alberto de la Magna nel libro de la Natura de' luoghi e de le Proprietadi de li elementi, e anco per la testimonianza di Lucano nel nono suo libro - dividerebbe questa terra discoperta dal mare Oceano, là nel mezzo die, quasi per tutta l'estremità del primo climate, dove sono intra l'altre genti li Garamanti, che stanno quasi sempre nudi; a li quali venne Catone col popolo di Roma, la signoria di Cesare fuggendo. **13.** Segnati questi tre luoghi sopra questa palla, leggiermente si può vedere come lo sole la gira. Dico adunque che 'l cielo del sole si rivolge da occidente in oriente, non dirittamente contra lo movimento diurno, cioè del die e de la notte, ma tortamente contra quello; sì che 'l suo mezzo cerchio che equalmente è 'n tra li suoi poli, nel quale è lo corpo del sole, sega in due parti opposite lo cerchio de li due primi poli, cioè nel principio de l'Ariete e nel principio de la Libra, e partesi per due archi da esso, uno ver settentrione e un altro ver mezzogiorno. **14.** Li punti [di mezzo] de li quali archi si dilungano equalmente dal primo cerchio, da ogni parte, per ventitré gradi e uno punto più; e l'uno punto è lo principio del Cancro, e l'altro è lo principio del Capricorno. Però conviene che Maria veggia nel principio de l'Ariete, quando lo sole va sotto lo mezzo cerchio de li primi poli, esso sole gira lo mondo intorno giù a la terra, o vero al mare, come una mola de la quale non paia più che mezzo lo corpo suo; e questa veggia venire montando a guisa d'una vite dintorno, tanto che compia novanta e una rota e poco più. **15.** E quando queste rote sono compiute, lo suo montare è a Maria quasi tanto quanto esso monta a noi ne la mezza terra, [quando] 'l giorno è de la mezza notte iguale; e se uno uomo fosse dritto in Maria e sempre al sole volgesse lo viso, vederebbesi quello andare ver lo braccio destro. **16.** Poi per la medesima via par discendere altre novanta e una rota e poco più, tanto ch'elli gira intorno giù a la terra, o vero al mare, sé non tutto mostrando; e poi si cela, e comincialo a vedere Lucia, lo quale montare e discendere intorno a sé allor vede con altrettante rote quante vede Maria. **17.** E se uno uomo fosse in Lucia dritto, sempre che volgesse la faccia in ver lo sole, vedrebbe quello andarsi nel braccio sinistro. Per che si può vedere che questi luoghi hanno un dì l'anno di sei mesi, e una notte d'altrettanto tempo; e quando l'uno ha lo giorno, e l'altro ha la notte. **18.** Conviene anche che lo cerchio dove sono li Garamanti, come detto è, in su questa palla, veggia lo sole a punto sopra sé girare, non a modo di mola, ma di [rota]; la quale non può in alcuna parte vedere se non mezza, quando va sotto l'Ariete. E poi lo vede partire da sé e venire verso Maria novanta e uno die e poco più, e per altrettanti a sé tornare; e poi, quando è tornato, va sotto la Libra, e anche si parte e va ver Lucia novanta e uno dì e poco più, e in altrettanti ritorna. **19.** E questo luogo, lo quale tutta la palla cerchia, sempre ha lo die iguale con la notte, o di qua o di là che 'l sole li vada; e due volte l'anno ha la state grandissima di calore, e due piccioli verni. **20.** Conviene anche che li due spazii, che sono in mezzo de le due cittadi imaginate e lo [cerchio] del mezzo, veggiano lo sole disvariatamente, secondo che sono remoti e propinqui [a] questi luoghi; sì come omai, per quello che detto è, puote vedere chi ha nobile ingegno, al quale è bello un poco di fatica lasciare. **21.** Per che vedere omai si puote, che per lo divino provedimento lo mondo è sì ordinato che, volta la spera del sole e tornata a uno punto, questa palla dove noi siamo in ciascuna parte di sé riceve tanto tempo di luce quanto di tenebre. **22.** O ineffabile sapienza che così ordinasti, quanto è povera la nostra mente a te comprendere! E voi a cui utilitade e diletto io scrivo, in quanta cechitade vivete, non levando li occhi suso a queste cose, tenendoli fissi nel fango de la vostra stoltezza!

CAPITOLO VI

1. Nel precedente capitolo è mostrato per che modo lo sole gira; sì che omai si puote procedere a dimostrare la sentenza de la parte a la quale s'intende. Dico adunque che in questa parte prima comincio a commendare questa donna per comparazione a l'altre cose; e dico che 'l sole, girando lo mondo, non vede alcuna cosa così gentile come costei: per che segue che questa sia, secondo le parole, gentilissima di tutte le cose che 'l sole allumina. **2.** E dice: *in quell'ora;* onde è da sapere che 'ora' per due modi si prende da li astrologi. L'uno si è, che del die e de la notte fanno ventiquattr'ore, cioè dodici del die e dodici de la notte, quanto che 'l die sia grande o picciolo; e queste ore si fanno picciole e grandi nel dì e ne la notte, secondo che 'l dì e la notte cresce e menoma. E queste ore usa la Chiesa, quando dice Prima, Terza, Sesta e Nona, e chiamansi ore temporali. **3.** L'altro modo si è, che faccendo del dì e de la notte ventiquattr'ore, tal volta ha lo die le quindici ore, e la notte le nove; tal volta ha la notte le sedici e lo die le otto, secondo che cresce e menoma lo die e la notte: e chiamansi ore equali. E ne lo equinozio sempre queste e quelle che temporali si chiamano sono una cosa; però che, essendo lo dì equale de la notte, conviene così avvenire. **4.** Poi quando dico: *Ogni Intelletto di là su la mira*, commendo lei, non avendo rispetto ad altra cosa. E dico che le Intelligenze del cielo la mirano, e che la gente di qua giù gentile pensano di costei, quando più hanno di quello che loro diletta. E qui è da sapere che ciascuno Intelletto di sopra, secondo ch'è scritto nel libro de le Cagioni, conosce quello che è sopra sé e quello che è sotto sé. **5.** Conosce adunque Iddio sì come sua cagione, conosce quello che è sotto sé sì come suo effetto; e però che Dio è universalissima cagione di tutte le cose, conoscendo lui, tutte le cose conosce in sé, secondo lo modo de la Intelligenza. Per che tutte le Intelligenze conoscono la forma umana, in quanto ella è per intenzione regolata ne la divina mente; e massimamente conoscono quella le Intelligenze motrici, però che sono spezialissime cagioni di quella e d'ogni forma generale, e conoscono quella perfettissima, tanto quanto essere puote, sì come loro regola ed essemplo. **6.** E se essa umana forma, essemplata e individuata, non è perfetta, non è manco de lo detto essemplo, ma de la materia la quale individua. Però quando dico: *Ogni Intelletto di là su la mira*, non voglio altro dire se non ch'ella è così fatta come l'essemplo intenzionale che de la umana essenzia è ne la divina mente e, per quella, in tutte l'altre, massimamente in quelle menti angeliche che fabbricano col cielo queste cose di qua giuso. **7.** E a questo affermare, soggiungo quando dico: *E quella gente che qui s'innamora*. Dove è da sapere che ciascuna cosa massimamente desidera la sua perfezione, e in quella si queta ogni suo desiderio, e per quella ogni cosa è desiderata. E questo è quello desiderio che sempre ne fa parere ogni dilettazione manca; ché nulla dilettazione è sì grande in questa vita che a l'anima nostra possa torre la sete, che sempre lo desiderio che detto è non rimagna nel pensiero. **8.** E però che questa è veramente quella perfezione, dico che quella gente che qua giù maggiore diletto riceve quando più hanno di pace, allora rimane questa ne' loro pensieri, per questa, dico, tanto essere perfetta quanto sommamente essere puote l'umana essenzia. **9.** Poi quando dico: *Suo esser tanto a Quei che lel dà piace*, mostro che non solamente questa donna è perfettissima ne la umana generazione, ma più che perfettissima, in quanto riceve de la divina bontade oltre lo debito umano. **10.** Onde ragionevolmente si puote credere che, sì come ciascuno maestro ama più la sua opera ottima che l'altre, così Dio ama più la persona umana ottima che tutte l'altre; e però che la sua larghezza non si stringe da necessitade d'alcuno termine, non ha riguardo lo suo amore al debito di colui che riceve, ma soperchia quello in dono e in beneficio di vertù e di grazia. Onde dico qui che esso Dio, che dà l'essere a costei, per caritade de la sua perfezione infonde in essa de la sua bontade oltre li termini del debito de la nostra natura. **11.** Poi quando dico: *La sua anima pura*, pruovo ciò che detto è per sensibile testimonianza. Ove è da sapere che, sì come dice lo Filosofo nel secondo de l'Anima, l'anima è atto del corpo: e se ella è suo atto, è sua cagione; e però che, sì come è scritto nel libro allegato de le Cagioni, ogni cagione infonde nel suo effetto de la bontade che riceve da la cagione sua, infonde e rende al corpo suo de la bontade de la cagione sua, ch'è Dio. **12.** Onde, con ciò sia cosa che in costei si veggiano, quanto è da la parte del corpo, maravigliose cose, tanto che fanno ogni guardatore disioso di quelle vedere, manifesto è che la sua forma, cioè la sua anima, che lo conduce sì come cagione propria, riceva miracolosamente la graziosa bontade di Dio. **13.** E così [si] pruova, per questa apparenza, che è, oltre lo debito de la natura nostra (la quale in lei è perfettissima come detto è di sopra), questa donna da Dio beneficiata e fatta nobile cosa. E questa è tutta la sentenza litterale de la prima parte de la seconda parte principale.

CAPITOLO VII

1. Commendata questa donna comunemente, sì secondo l'anima come secondo lo corpo, io procedo a commendare lei spezialmente secondo l'anima; e prima la commendo secondo che 'l suo bene è grande in sé, poi la commendo secondo che 'l suo bene è grande in altrui e utile al mondo. **2.** E comincia questa parte seconda quando dico: *Di costei si può dire*. Dunque dico prima: *In lei discende la virtù divina*. Ove è da sapere che la divina bontade in tutte le cose discende, e altrimenti essere non potrebbero; ma avvegna che questa bontade si muova da simplicissimo principio, diversamente si riceve, secondo più e meno, da le cose riceventi. Onde scritto è nel libro de le Cagioni: "La prima bontade manda le sue bontadi sopra le cose con uno discorrimento". **3.** Veramente ciascuna cosa riceve da quello discorrimento secondo lo modo de la sua vertù e de lo suo essere; e di ciò sensibile essemplo avere potemo dal sole. Vedemo la luce del sole, la quale è una, da uno fonte derivata, diversamente da le corpora essere ricevuta; sì come dice Alberto, in quello libro che fa de lo Intelletto, che certi corpi, "per molta chiaritade di diafano avere in sé mista, tosto che 'l sole li vede diventano tanto luminosi, che per multiplicamento di luce in quelle e ne lo loro aspetto, rendono a li altri di sé grande splendore", sì come è l'oro, e alcuna pietra. **4.** "Certi sono che, per esser del tutto diafani, non solamente ricevono la luce, ma quella non impediscono, anzi rendono lei del loro colore colorata ne l'altre cose. E certi sono tanto vincenti ne la purità del diafano, che divengono sì raggianti, che vincono l'armonia de l'occhio, e non si lasciano vedere sanza fatica del viso", sì come sono li specchi. Certi altri sono tanto sanza diafano, che quasi poco de la luce ricevono, sì come la terra. **5.** Così la bontà di Dio è ricevuta altrimenti da le sustanze separate, cioè da li Angeli, che sono sanza grossezza di materia, quasi diafani per la purità de la loro forma, e altrimenti da l'anima umana, che, avvegna che da una parte sia da materia libera, da un'altra è impedita, sì come l'uomo ch'è tutto ne l'acqua fuor del capo, del quale non si può dire che tutto sia ne l'acqua né tutto fuor da quella; e altrimenti da li animali, la cui anima tutta in materia è compresa, ma alquanto è nobilitata; e altrimenti da le piante, e altrimenti da le minere; e altrimenti da la terra che da li altri [elementi], però che è materialissima, e però remotissima e improporzionalissima a la prima simplicissima e nobilissima vertude, che sola è intellettuale, cioè Dio. **6.** E avvegna che posti siano qui gradi generali, nondimeno si possono porre gradi singulari; cioè che quella riceve, de l'anime umane, altrimenti una che un'altra. E però che ne l'ordine intellettuale de l'universo si sale e discende per gradi quasi continui da la infima forma a l'altissima [e da l'altissima] a la infima, sì come vedemo ne l'ordine sensibile; e tra l'angelica natura, che è cosa intellettuale, e l'anima umana non sia grado alcuno, ma sia quasi l'uno a l'altro continuo per li ordini de li gradi, e tra l'anima umana e l'anima più perfetta de li bruti animali ancor mezzo alcuno non sia; e noi veggiamo molti uomini tanto vili e di sì bassa condizione, che quasi non pare essere altro che bestia: e così è da porre e da credere fermamente, che sia alcuno tanto nobile e di sì alta condizione che quasi non sia altro che Angelo. Altrimenti non si continuerebbe l'umana spezie da ogni parte, che esser non può. **7.** E questi cotali chiama Aristotile, nel settimo de l'Etica, divini; e cotale dico io che è questa donna, sì che la divina virtude, a guisa che discende ne l'angelo, discende in lei. **8.** Poi quando dico: *E qual donna gentil questo non crede*, pruovo questo per la esperienza che aver di lei si può in quelle operazioni che sono proprie de l'anima razionale, dove la divina luce più espeditamente raggia; cioè nel parlare e ne li atti che reggimenti e portamenti sogliono esser chiamati. Onde è da sapere che solamente l'uomo intra li animali parla, e ha reggimenti e atti che si dicono razionali, però che solo elli ha in sé ragione. **9.** E se alcuno volesse dire contra, dicendo che alcuno uccello parli, sì come pare di certi, massimamente de la gazza e del pappagallo, e che alcuna bestia fa atti o vero reggimenti, sì come pare de la scimia e d'alcuno altro, rispondo che non è vero che parlino né che abbiano reggimenti, però che non hanno ragione, da la quale queste cose convegnono procedere; né è in loro lo principio di queste operazioni, né conoscono che sia ciò, né intendono per quello alcuna cosa significare, ma solo quello che veggiono e odono ripresentare, secondo la imagine de le corpora in alcuno corpo lucido si rappresenta, sì come ne lo specchio. **10.** [Onde],co[me] la imagine corporale che lo specchio dimostra non è vera, così la imagine de la ragione, cioè li atti e lo parlare che l'anima bruta ripresenta, o vero dimostra, non è vera. **11.** Dico che 'qual donna gentile non crede quello ch'io dico, che vada con lei, e miri li suoi atti' - non dico qual uomo, però che più onestamente [di donna] per le donne si prende esperienza che per l'uomo -; e dico quello che di lei colei sentirà, dicendo quello che fa lo suo parlare, e che fanno li suoi reggimenti. **12.** Ché il suo parlare, per l'altezza e per la dolcezza sua, genera ne la mente di chi l'ode uno pensiero d'amore, lo quale io chiamo spirito celestiale, però che là su è lo principio e di là su viene la sua sentenza, sì come di sopra è narrato; del qual pensiero si procede in ferma oppinione che questa sia miraculosa donna di vertude. **13.** E suoi atti, per la loro soavitade e per la loro misura, fanno amore disvegliare e risentire là dovunque è de la sua potenza seminata per buona natura. La quale natural semenza si fa come nel sequente trattato si mostra. **14.** Poi quando dico: *Di costei si può dire*, intendo narrare come la bontà e la vertù de la sua anima è a li altri buona e utile. E prima, com'ella è utile a l'altre donne, dicendo: *Gentile è in donna ciò che in lei si trova*; dove manifesto essemplo rendo a le donne, nel quale mirando possano [sé] far parere gentili, quello seguitando. **15.** Secondamente narro come ella è utile a tutte le genti, dicendo che l'aspetto suo aiuta la nostra fede, la quale più che tutte l'altre cose è utile a tutta l'umana generazione, sì come quella per la quale campiamo da etternale morte e acquistiamo etternale vita. **16.** E la nostra fede aiuta; però che, con ciò sia cosa che principalissimo fondamento de la fede nostra siano miracoli fatti per colui che fu crucifisso - lo quale creò la nostra ragione, e volle che fosse minore del suo potere -,e fatti poi nel nome suo per li santi suoi; e molti siano sì ostinati che di quelli miracoli per alcuna nebbia siano dubbiosi, e non possano credere miracolo alcuno sanza visibilmente avere di ciò esperienza; e questa donna sia una cosa visibilmente miraculosa, de la quale li occhi de li uomini cotidianamente possono esperienza avere, ed a noi faccia possibili li altri: manifesto è che questa donna, col suo mirabile aspetto, la nostra fede aiuta. **17.** E però ultimamente dico che *da etterno*, cioè etternamente, *fu ordinata* ne la mente di Dio in testimonio de la fede a coloro che in questo tempo vivono. E così termina la seconda parte [de la parte seconda], secondo la litterale sentenza.

CAPITOLO VIII

1. Intra li effetti de la divina sapienza l'uomo è mirabilissimo, considerando come in una forma la divina virtute tre nature congiunse, e come sottilmente armoniato conviene esser lo corpo suo, a cotal forma essendo organizzato per tutte quasi sue vertudi. **2.** Per che, per la molta concordia che 'n tra tanti organi conviene a bene rispondersi, pochi perfetti uomini in tanto numero sono. E se così è mirabile questa creatura, certo non pur con le parole è da temere di trattare di sue condizioni, ma eziandio col pensiero, secondo quelle parole de lo Ecclesiastico: "La sapienza di Dio, precedente tutte le cose, chi cercava?", e quelle altre dove dice: "Più alte cose di te non dimanderai e più forti cose di te non cercherai; ma quelle cose che Dio ti comandò, pensa, e in più sue opere non sie curioso", cioè sollicito. **3.** Io adunque che in questa terza particola d'alcuna condizione di cotal creatura parlare intendo, in quanto nel suo corpo, per bontade de l'anima, sensibile bellezza appare, temorosamente non sicuro comincio, intendendo, e se non a pieno almeno alcuna cosa, di tanto nodo disnodare. **4.** Dico adunque che, poi che aperta è la sentenza di quella particola ne la quale questa donna è commendata da la parte de l'anima, da procedere e da vedere è come, quando dico *Cose appariscon ne lo suo aspetto*, io commendo lei da la parte del corpo. **5.** E dico che ne lo suo aspetto appariscono cose le quali dimostrano de' piaceri [di Paradiso]. E intra li altri di quelli, lo più nobile, è quello che è inizio e fine di tutti li altri, si è contentarsi, e questo si è essere beato; e questo piacere è veramente, avvegna che per altro modo, ne l'aspetto di costei. Ché, guardando costei, la gente si contenta, tanto dolcemente ciba la sua bellezza li occhi de' riguardatori; ma per altro modo, ché p[u]r lo contentare in Paradiso è perpetuo, che non può ad alcuno essere questo. **6.** E però che potrebbe alcuno aver domandato dove questo mirabile piacere appare in costei, distinguo ne la sua persona due parti, ne le quali l'umana piacenza e dispiacenza più appare. Onde è da sapere che in qualunque parte l'anima più adopera del suo officio, che a quella più fissamente intende ad adornare, e più sottilmente quivi adopera. **7.** Onde vedemo che ne la faccia de l'uomo, là dove fa più del suo officio che in alcuna parte di fuori, tanto sottilmente intende, che, per sottigliarsi quivi tanto quanto ne la sua materia puote, nullo viso ad altro viso è simile; perché l'ultima potenza de la materia, la qual è in tutti quasi dissimile, quivi si riduce in atto. **8.** E però che ne la faccia massimamente in due luoghi opera l'anima - però che in quelli due luoghi quasi tutte e tre le nature de l'anima hanno giurisdizione - cioè ne li occhi e ne la bocca, quelli massimamente adorna e quivi pone lo 'ntento tutto a fare bello, se puote. E in questi due luoghi dico io che appariscono questi piaceri dicendo: *ne li occhi e nel suo dolce riso.* **9.** Li quali due luoghi, per bella similitudine, si possono appellare balconi de la donna che nel dificio del corpo abita, cioè l'anima; però che quivi, avvegna che quasi velata, spesse volte si dimostra. Dimostrasi ne li occhi tanto manifesta, che conoscer si può la sua presente passione, chi bene là mira. **10.** Onde, con ciò sia cosa che sei passioni siano propie de l'anima umana, de le quali fa menzione lo Filosofo ne la sua Rettorica, cioè grazia, zelo, misericordia, invidia, amore e vergogna, di nulla di queste puote l'anima essere passionata che a la finestra de li occhi non vegna la sembianza, se per grande vertù dentro non si chiude. Onde alcuno già si trasse li occhi, perché la vergogna d'entro non paresse di fuori; sì come dice Stazio poeta del tebano Edipo, quando dice che "con etterna notte solvette lo suo dannato pudore". **11.** Dimostrasi ne la bocca, quasi come colore dopo vetro. E che è ridere se non una corruscazione de la dilettazione de l'anima, cioè uno lume apparente di fuori secondo sta dentro? E però si conviene a l'uomo, a dimostrare la sua anima ne l'allegrezza moderata, moderatamente ridere, con onesta severitade e con poco movimento de la sua [f]accia; sì che donna, che allora si dimostra come detto è, paia modesta e non dissoluta. **12.** Onde ciò fare ne comanda lo Libro de le quattro vertù cardinali: "Lo tuo riso sia sanza cachinno", cioè sanza schiamazzare come gallina. Ahi mirabile riso de la mia donna, di cui io parlo, che mai non si sentia se non de l'occhio! **13.** E dico che Amore le reca queste cose quivi, sì come luogo suo; dove si può amore doppiamente considerare. Prima l'amore de l'anima, speziale a questi luoghi; secondamente l'amore universale che le cose dispone ad amare e ad essere amate, che ordina l'anima ad adornare queste parti. **14.** Poi quando dico: *Elle soverchian lo nostro intelletto*, escuso me di ciò, che di tanta eccellenza di biltade poco pare che io tratti sovrastando a quella; e dico che poco ne dico per due ragioni. L'una si è che queste cose che paiono nel suo aspetto soverchiano lo 'ntelletto nostro, cioè umano: e dico come questo soverchiare è fatto, che è fatto per lo modo che soverchia lo sole lo fragile viso, non pur lo sano e forte; l'altra si è che fissamente in esso guardare non può, perché quivi s'inebria l'anima, sì che incontanente, dopo di sguardare, disvia in ciascuna sua operazione. **15.** Poi quando dico: *Sua bieltà piove fiammelle di foco*, ricorro a ritrattare del suo effetto, poi che di lei trattare interamente non si può. Onde è da sapere che di tutte quelle cose che lo 'ntelletto nostro vincono, sì che non può vedere quello che sono, convenevolissimo trattare è per li loro effetti: onde di Dio, e de le sustanze separate, e de la prima materia, così trattando potemo avere alcuna conoscenza. **16.** E però dico che la biltade di quella *piove fiammelle di foco*, cioè ardore d'amore e di caritade; *animate d'un spirito gentile*, cioè informato ardore d'un gentile spirito, cioè diritto appetito, per lo quale e del quale nasce origine di buono pensiero. E non solamente fa questo, ma disfà e distrugge lo suo contrario - de li buoni pensieri -, cioè li vizii innati, li quali massimamente sono di buoni pensieri nemici. **17.** E qui è da sapere che certi vizii sono ne l'uomo, a li quali naturalmente elli è disposto - sì come certi per complessione collerica sono ad ira disposti -, e questi cotali vizii sono innati, cioè connaturali. Altri sono vizii consuetudinarii, a li quali non ha colpa la complessione ma la consuetudine, sì come la intemperanza, e massimamente, del vino: e questi vizii si fuggono e si vincono per buona consuetudine, e fassi l'uomo per essa virtuoso, sanza fatica avere ne la sua moderazione, sì come dice lo Filosofo nel secondo de l'Etica. **18.** Veramente questa differenza è intra le passioni connaturali e le consuetudinarie, che le consuetudinarie per buona consuetudine del tutto vanno via: però che lo principio loro, cioè la mala consuetudine, per lo suo contrario si corrompe; ma le connaturali, lo principio de le quali è la natura del passionato, tutto che molto per buona consuetudine si facciano lievi, del tutto non se ne vanno quanto al primo movimento. Ma vannosene bene del tutto quanto a durazione, però che la consuetudine 'n noi è equabile a la natura, ne la quale è lo principio di quelle. **19.** E però è più laudabile l'uomo che dirizza sé e regge sé mal naturato contra l'impeto de la natura, che colui che ben naturato si sostiene in buono reggimento o disviato si rinvia; sì come è più laudabile uno mal cavallo reggere che un altro non reo. **20.** Dico adunque che queste fiammelle che piovono da la sua biltade, come detto è, rompono li vizii innati, cioè connaturali, a dare a intendere che la sua bellezza ha podestade in rinnovare natura in coloro che la mirano; ch'è miracolosa cosa. E questo conferma quello che detto è di sopra ne l'altro capitolo, quando dico ch'ella è aiutatrice de la fede nostra. **21.** Ultimamente quando dico: *Però qual donna sente sua bieltate*, conchiudo, sotto colore d'ammonire altrui, lo fine a che fatta fue tanta biltade; e dico che qual donna sente per manco la sua biltade biasimare, guardi in questo perfettissimo essemplo. Dove s'intende, che non pur a migliorare lo bene è fatta, ma eziandio a fare de la mala cosa buona cosa. **22.** E soggiugne in fine: *Costei pensò chi mosse l'universo*, cioè Dio, per dare a intendere che per divino proponimento la natura cotale effetto produsse. E così termina tutta la seconda parte principale di questa canzone.

CAPITOLO IX

1. L'ordine del presente trattato richiede - poi che le due parti di questa canzone per me sono, secondo che fu la mia intenzione, ragionate - che a la terza si proceda, ne la quale io intendo purgare la canzone da una riprensione, la quale a lei potrebbe essere istata contraria, e a questo che [io parlo. Ché] io, prima che a la sua composizione venisse, parendo a me questa donna fatta contra me fiera e superba alquanto, feci una ballatetta ne la quale chiamai questa donna orgogliosa e dispietata: che pare esser contra quello che qui si ragiona di sopra. **2.** E però mi volgo a la canzone, e sotto colore d'insegnare a lei come scusare la conviene, scuso quella: ed è una figura questa, quando a le cose inanimate si parla, che si chiama da li rettorici prosopopeia; e usanla molto spesso li poeti. [E comincia questa parte terza:] *Canzone, e' par che tu parli contraro.* **3.** Lo 'ntelletto de la quale a più agevolmente dare a intendere, mi conviene in tre particole dividere: che prima si propone a che la scusa fa mestiere; poi si procede con la scusa, quando dico: *Tu sai che 'l cielo*; ultimamente parlo a la canzone sì come a persona ammaestrata di quello che dee fare, quando dico: *Così ti scusa, se ti fa mestero.* **4.** Dico dunque in prima: 'O canzone, che parli di questa donna cotanta loda, e' par che tu sii contraria ad una tua sorella'. Per similitudine dico 'sorella'; ché sì come sorella è detta quella femmina che da uno medesimo generante è generata, così puote l'uomo dire 'sorella' de l'opera che da uno medesimo operante è operata; ché la nostra operazione in alcun modo è generazione. E dico che par che parli contrara a quella, dicendo: tu fai costei umile, e quella la fa superba, cioè *fera e disdegnosa*, che tanto vale. **5.** Proposta questa accusa, procedo a la scusa per essemplo, ne lo quale, alcuna volta, la veritade si discorda da l'apparenza, e, altra, per diverso rispetto si puote trattare. Dico: *Tu sai che 'l ciel sempr'è lucente e chiaro*, cioè sempr'è con chiaritade; ma per alcuna cagione alcuna volta è licito di dire quello essere tenebroso. **6.** Dove è da sapere che, propriamente, è visibile lo colore e la luce, sì come Aristotile vuole nel secondo de l'Anima, e nel libro del Senso e Sensato. Ben è altra cosa visibile, ma non propriamente, però che altro senso sente quello, sì che non si può dire che sia propriamente visibile, né propriamente tangibile; sì come è la figura, la grandezza, lo numero, lo movimento e lo stare fermo, che sensibili [comuni] si chiamano: le quali cose con più sensi comprendiamo. Ma lo colore e la luce sono propriamente; perché solo col viso comprendiamo ciò, e non con altro senso. **7.** Queste cose visibili, sì le proprie come le comuni in quanto sono visibili, vengono dentro a l'occhio - non dico le cose, ma le forme loro - per lo mezzo diafano, non realmente ma intenzionalmente, sì quasi come in vetro transparente. **8.** E ne l'acqua ch'è ne la pupilla de l'occhio, questo discorso, che fa la forma visibile per lo mezzo, sì si compie, perché quell'acqua è terminata - quasi come specchio, che è vetro terminato con piombo -, sì che passar più non può, ma quivi, a modo d'una palla, percossa si ferma; sì che la forma, che nel mezzo transparente non pare, [ne la parte pare] lucida e terminata. E questo è quello per che nel vetro piombato la imagine appare, e non in altro. **9.** Di questa pupilla lo spirito visivo, che si continua da essa, a la parte del cerebro dinanzi - dov'è la sensibile virtute sì come in principio fontale - subitamente sanza tempo la ripresenta, e così vedemo. Per che, acciò che la visione sia verace, cioè cotale qual è la cosa visibile in sé, conviene che lo mezzo per lo quale a l'occhio viene la forma sia sanza ogni colore, e l'acqua de la pupilla similemente: altrimenti si macolerebbe la forma visibile del color del mezzo e di quello de la pupilla. **10.** E però coloro che vogliono far parere le cose ne lo specchio d'alcuno colore, interpongono di quello colore tra 'l vetro e 'l piombo, sì che 'l vetro ne rimane compreso. Veramente Plato e altri flosofi dissero che 'l nostro vedere non era perché lo visibile venisse a l'occhio, ma perché la virtù visiva andava fuori al visibile: e questa oppinione è riprovata per falsa dal Filosofo in quello del Senso e Sensato. **11.** Veduto questo modo de la vista, vedere si può leggiermente che, avvegna che la stella sempre sia d'un modo chiara e lucente, e non riceva mutazione alcuna se non di movimento locale, sì come in quello De Celo et Mundo è provato, per più cagioni puote parere non chiara e non lucente. **12.** Però puote parere così per lo mezzo che continuamente si transmuta. Transmutasi questo mezzo di molta luce in poca luce, sì come a la presenza del sole e a la sua assenza; e a la presenza lo mezzo, che è diafano, è tanto pieno di lume che è vincente de la stella, e però [non] pare più lucente. Transmutasi anche questo mezzo di sottile in grosso, di secco in umido, per li vapori de la terra che continuamente salgono: lo quale mezzo, così transmutato, transmuta la immagine de la stella che viene per esso, per la grossezza in oscuritade, e per l'umido e per lo secco in colore. **13.** Però puote anche parere così per l'organo visivo, cioè l'occhio, lo quale per infertade e per fatica si transmuta in alcuno coloramento e in alcuna debilitade; sì come avviene molte volte, che per essere la tunica de la pupilla sanguinosa molto, per alcuna corruzione d'infertade, le cose paiono quasi tutte rubicunde, e però la stella ne pare colorata. **14.** E per essere lo viso debilitato, incontra in esso alcuna disgregazione di spirito, sì che le cose non paiono unite ma disgregate, quasi a guisa che fa la nostra lettera in su la carta umida: e questo è quello per che molti, quando vogliono leggere, si dilungano le scritture da li occhi, perché la imagine loro vegna dentro più lievemente e più sottile; e in ciò più rimane la lettera discreta ne la vista. **15.** E però puote anche la stella parere turbata: e io fui esperto di questo l'anno medesimo che nacque questa canzone, che per affaticare lo viso molto, a studio di leggere, in tanto debilitai li spiriti visivi che le stelle mi pareano tutte d'alcuno albore ombrate. **16.** E per lunga riposanza in luoghi oscuri e freddi, e con affreddare lo corpo de l'occhio con l'acqua chiara, riuni' sì la vertù disgregata che tornai nel primo buono stato de la vista. E così appaiono molte cagioni, per le ragioni notate, per che la stella puote parere non com'ella è.

CAPITOLO X

1. Partendomi da questa disgressione, che mestiere è stata a vedere la veritate, ritorno al proposito e dico che sì come li nostri occhi 'chiamano', cioè giudicano, la stella talora altrimenti che sia la vera sua condizione, così quella ballatetta considerò questa donna secondo l'apparenza, discordante dal vero per infertade de l'anima, che di troppo disio era passionata. **2.** E ciò manifesto quando dico: *Ché l'anima temea,* sì che fiero mi parea ciò che vedea ne la sua presenza. Dov'è da sapere che quanto l'agente più al paziente sé unisce, tanto e più forte è però la passione, sì come per la sentenza del Filosofo in quello De Generatione si può comprendere; onde, quanto la cosa desiderata più appropinqua al desiderante, tanto lo desiderio è maggiore, e l'anima, più passionata, più si unisce a la parte concupiscibile e più abbandona la ragione. Sì che allora non giudica come uomo la persona, ma quasi come altro animale pur secondo l'apparenza, non discernendo la veritate. **3.** E questo è quello per che lo sembiante, onesto secondo lo vero, ne pare disdegnoso e fero; e secondo questo cotale sensuale giudicio parlò quella ballatetta. E in ciò s'intende assai che questa canzone considera questa donna secondo la veritate, per la discordanza che ha con quella. **4.** E non sanza cagione dico: *là 'v'ella mi senta,* e non *là dov'io la senta;* ma in ciò voglio dare a intendere la grande virtù che li suoi occhi aveano sopra me: ché, come s'io fosse stato [vetro], così per ogni lato mi passava lo raggio loro. E quivi si potrebbero ragioni naturali e sovrannaturali assegnare; ma basti qui tanto avere detto: altrove ragionerò più convenevolmente. **5.** Poi quando dico: *Così ti scusa, se ti fa mestero,* impongo a la canzone come per le ragioni assegnate 'sé iscusi là dov'è mestiero', cioè là dove alcuno dubitasse di questa contrarietade;

che non è altro a dire se non che qualunque dubitasse in ciò, che questa canzone da quella ballatetta si discorda, miri in questa ragione che detta è. **6.** E questa cotale figura in rettorica è molto laudabile, e anco necessaria, cioè quando le parole sono a una persona e la 'ntenzione è a un'altra; però che l'ammonire è sempre laudabile e necessario, e non sempre sta convenevolemente ne la bocca di ciascuno. **7.** Onde, quando lo figlio è conoscente del vizio del padre, e quando lo suddito è conoscente del vizio del segnore, e quando l'amico conosce che vergogna crescerebbe al suo amico quello ammonendo o menomerebbe suo onore, o conosce l'amico suo non paziente ma iracundo a l'ammonizione, questa figura è bellissima e utilissima, e puotesi chiamare 'dissimulazione'. **8.** Ed è simigliante a l'opera di quello savio guerrero che combatte lo castello da uno lato per levare la difesa da l'altro, che non vanno ad una parte la 'ntenzione de l'aiutorio e la battaglia. **9.** E impongo anche a costei che domandi parola di parlare a questa donna di lei. Dove si puote intendere che l'uomo non dee essere presuntuoso a lodare altrui, non ponendo bene prima mente s'elli è piacere de la persona laudata; per che molte volte credendosi [a] alcuno dar loda, si dà biasimo, o per difetto de lo dicitore o per difetto di quello che ode. **10.** Onde molta discrezione in ciò avere si conviene; la qual discrezione è quasi uno domandare licenzia, per lo modo ch'io dico che domandi questa canzone. E così termina tutta la litterale sentenza di questo trattato; per che l'ordine de l'opera domanda a l'allegorica esposizione omai, seguendo la veritade, procedere.

CAPITOLO XI

1. Sì come l'ordine vuole ancora dal principio ritornando, dico che questa donna è quella donna de lo 'ntelletto che Filosofia si chiama. Ma però che naturalmente le lode danno desiderio di conoscere la persona laudata; e conoscere la cosa sia sapere quello che ella è, in sé considerata e per tutte le sue cose, sì come dice lo Filosofo nel principio de la Fisica; e ciò non dimostri lo nome, avvegna che ciò significhi, sì come dice nel quarto de la Metafisica (dove si dice che la diffinizione è quella ragione che 'l nome significa), conviensi qui, prima che più oltre si proceda per le sue laude mostrare, dire che è questo che si chiama Filosofia, cioè quello che questo nome significa. **2.** E poi dimostrata essa, più efficacemente si tratterà la presente allegoria. E prima dirò chi questo nome prima diede; poi procederò a la sua significanza. **3.** Dico adunque che anticamente in Italia, quasi dal principio de la costituzione di Roma - che fu [sette]cento cinquanta anni [innanzi], poco dal più al meno, che 'l Salvatore venisse, secondo che scrive Paulo Orosio -,nel tempo quasi che Numa Pompilio, secondo re de li Romani, vivea uno filosofo nobilissimo, che si chiamò Pittagora. E che ello fosse in quel tempo, pare che ne tocchi alcuna cosa Tito Livio ne la prima parte del suo volume incidentemente. **4.** E dinanzi da costui erano chiamati li seguitatori di scienza non filosofi ma sapienti, sì come furono quelli sette savi antichissimi, che la gente ancora nomina per fama: lo primo de li quali ebbe nome Solon, lo secondo Chilon, lo terzo Periandro, lo quarto Cleobulo, lo quinto Lindio, lo sesto Biante, e lo settimo Prieneo. **5.** Questo Pittagora, domandato se egli si riputava sapiente, negò a sé questo vocabulo e disse sé essere non sapiente, ma amatore di sapienza. E quinci nacque poi, ciascuno studioso in sapienza che fosse 'amatore di sapienza' chiamato, cioè 'filosofo'; ché tanto vale in greco 'philos' com'è a dire 'amore' in latino, e quindi dicemo noi: 'philos' quasi amore, e 'soph[os] quasi sapien[te]. Per che vedere si può che questi due vocabuli fanno questo nome di 'filosofo'che tanto vale a dire quanto 'amatore di sapienza': per che notare si puote che non d'arroganza, ma d'umilitade è vocabulo. **6.** Da questo nasce lo vocabulo del suo proprio atto, Filosofia, sì come de lo amico nasce lo vocabulo del suo proprio atto, cioè Amicizia. Onde si può vedere, considerando la significanza del primo e del secondo vocabulo, che Filosofia non è altro che amistanza a sapienza, o vero a sapere; onde in alcuno modo si può dicere catuno filosofo, secondo lo naturale amore che in ciascuno genera lo desiderio di sapere. **7.** Ma però che l'essenziali passioni sono comuni a tutti, non si ragiona di quelle per vocabulo distinguente alcuno participante quella essenza; onde non diciamo Gianni amico di Martino, intendendo solamente la naturale amistade significare per la quale tutti a tutti semo amici, ma l'amistà sopra la naturale generata, che è propria e distinta in singulari persone. Così non si dice filosofo alcuno per lo comune amore [al sapere]. **8.** Ne la 'ntenzione d'Aristotile, ne l'ottavo de l'Etica, quelli si dice amico la cui amistà non è celata a la persona amata e a cui la persona amata è anche amica, sì che la benivolenza sia da ogni parte: e questo conviene essere o per utilitade, o per diletto, o per onestade. E così, acciò che sia filosofo, conviene essere l'amore a la sapienza, che fa l'una de le parti benivolente; conviene essere lo studio e la sollicitudine, che fa l'altra parte anche benivolente: sì che familiaritade e manifestamento di benivolenza nasce tra loro. Per che sanza amore e sanza studio non si può dire filosofo, ma conviene che l'uno e l'altro sia. **9.** E sì come l'amistà per diletto fatta, o per utilitade, non è vera amistà ma per accidente, sì come l'Etica ne dimostra, così la filosofia per diletto o per utilitade non è vera filosofia ma per accidente. Onde non si dee dicere vero filosofo alcuno che, per alcuno diletto, con la sapienza in alcuna sua parte sia amico; sì come sono molti che si dilettano in intendere canzoni ed istudiare in quelle, e che si dilettano studiare in Rettorica o in Musica, e l'altre scienze fuggono e abbandonano, che sono tutte membra di sapienza. **10.** Né si dee chiamare vero filosofo colui che è amico di sapienza per utilitade, sì come sono li legisti, [li] medici e quasi tutti li religiosi, che non per sapere studiano ma per acquistare moneta o dignitade; e chi desse loro quello che acquistare intendono, non sovrastarebbero a lo studio. **11.** E sì come intra le spezie de l'amistà quella che per utilitade è, meno amistà si può dicere, così questi cotali meno participano del nome del filosofo che alcuna altra gente; perché, sì come l'amistà per onestade fatta è vera e perfetta e perpetua, così la filosofia è vera e perfetta che è generata per onestade solamente, sanza altro rispetto, e per bontade de l'anima amica, che è per diritto appetito e per diritta ragione. **12.** Si ch'om[ai] qui si può dire, come la vera amistà de li uomini intra sé è che ciascuno ami tutto ciascuno, che 'l vero filosofo ciascuna parte de la sapienza ama, e la sapienza ciascuna parte del filosofo, in quanto tutto a sé lo riduce e nullo suo pensiero ad altre cose lascia distendere. Onde essa Sapienza dice ne li Proverbi di Salomone: "Io amo coloro che amano me". **13.** E sì come la vera amistade, astratta de l'animo, solo in sé considerata, ha per subietto la conoscenza de l'operazione buona, e per forma l'appetito di quella; così la filosofia, fuori d'anima, in sé considerata, ha per subietto lo 'ntendere, e per forma uno quasi divino amore a lo 'ntelletto. E sì come de la vera amistade è cagione efficiente la vertude, così de la filosofia è cagione efficiente la veritade. **14.** E sì come fine de l'amistade vera è la buona dilezione, che procede dal convivere secondo l'umanitade propriamente, cioè secondo ragione, sì come pare sentire Aristotile nel nono de l'Etica; così fine de la Filosofia è quella eccellentissima dilezione che non pate alcuna intermissione o vero difetto, cioè vera felicitade che per contemplazione de la veritade s'acquista. **15.** E così si può vedere chi è omai questa mia donna, per tutte le sue cagioni e per la sua ragione, e perché Filosofia si chiama, e chi è vero filosofo, e chi è per accidente. **16.** Ma però che, per alcuno fervore d'animo, talvolta l'uno e l'altro termine de li atti e de le passioni si chiamano e per lo vocabulo de l'atto medesimo e de la passione (sì come fa Virgilio nel secondo de lo Eneidos, che chiama Enea: "O luce", ch'era atto, e "speranza de' Troiani", che è passione, che non era esso luce né speranza, ma era termine onde venia loro la luce del consiglio, ed era termine in che si posava tutta la speranza de la loro salute; e sì come dice Stazio nel quinto del Thebaidos, quando Isifile dice ad Archimoro: "O consolazione de le cose e de la patria perduta, o onore del mio servigio"; sì come cotidianamente dicemo, mostrando l'amico, 'vedi l'amistade mia': e 'l padre dice al figlio 'amor mio'), per lunga consuetudine le scienze ne le quali più ferventemente la Filosofia termina la sua vista, sono chiamate per lo suo nome. **17.** Sì come la Scienza Naturale, la Morale, e la Metafisica, la quale, perché più necessariamente in quella termina lo suo viso e con più fervore, [Prima] Filosofia è chiamata. Onde [vedere] si può come secondamente le scienze sono Filosofia appellate. **18.** Poiché è veduto come la primaia e vera filosofia è in suo essere - la quale è quella donna di cu' io dico - e come lo suo nobile nome per consuetudine è comunicato a le scienze, procederò oltre con le sue lode.

CAPITOLO XII

1. Nel primo capitolo di questo trattato è sì compiutamente ragionata la cagione che mosse me a questa canzone, che non è più mestiere di ragionare; ché assai leggermente a questa esposizione ch'è detta ella si può ridurre. E però secondo le divisioni fatte la litterale sentenza transcorrerò, per questa volgendo lo senso de la lettera là dove sarà mestiere. **2.** Dico: *Amor che ne la mente mi ragiona.* Per Amore intendo lo studio lo quale io mettea per acquistar l'amore di questa donna: ove si vuole sapere che studio si può qui doppiamente considerare. È uno studio, lo quale mena l'uomo a l'abito de l'arte e de la scienza; e un altro studio lo quale ne l'abito acquistato adopera, usando quello. **3.** E questo primo è quello ch'io chiamo qui Amore, lo quale ne la mia mente informava continue, nuove e altissime considerazioni di questa donna che di sopra è dimostrata: sì come suole fare lo studio che si mette in acquistare un'amistade, che di quella amistade grandi cose prima considera, desiderando quella. **4.** Questo è quello studio e quella affezione, che suole procedere ne li uomini la generazione de l'amistade, quando già da l'una parte è nato amore, e desiderasi e procurasi che sia da l'altra; ché, sì come di sopra si dice, Filosofia è quando l'anima e la sapienza sono fatte amiche, sì che l'una sia tutta amata da l'altra, per lo modo che detto è di sopra. **5.** Né più è mestiere di ragionare per la presente esposizione questo primo verso, che proemio fu ne la litterale esposizione ragionato, però che per la prima sua ragione assai di leggiero a questa seconda si può volgere lo 'ntendimento. **6.** Onde al secondo verso, lo quale è comminciatore del trattato, è da procedere, la ove io dico: *Non vede il sol, che tutto 'l mondo gira.* Qui è da sapere che sì come, trattando di sensibile cosa per cosa insensibile, si tratta convenevolmente, così di cosa intelligibile per cosa inintelligibile trattare si conviene. E però, sì come ne la litterale si parlava cominciando dal sole corporale e sensibile, così ora è da ragionare per lo sole spirituale e intelligibile, che è Iddio. **7.** Nullo sensibile in tutto lo mondo è più degno di farsi essemplo di Dio che 'l sole. Lo quale di sensibile luce sé prima e poi tutte le corpora celestiali e le elementali allumina: così Dio prima sé con luce intellettuale allumina, e poi le [creature] celestiali e l'altre intelligibili. **8.** Lo sole tutte le cose col suo calore vivifica, e se alcuna ne corrompe, non è de la 'ntenzione de la cagione, ma è accidentale effetto: così Iddio tutte le cose vivifica in bontade, e se alcuna n'è rea non è de la divina intenzione, ma conviene p[u]r qualche accidente essere ne lo processo de lo inteso effetto. **9.** Che se Iddio fece li angeli buoni e li rei, non fece l'uno e l'altro per intenzione, ma solamente li buoni. Seguitò poi fuori d'intenzione la malizia de' rei, ma non sì fuori d'intenzione, che Dio non sapesse dinanzi in sé predire la loro malizia; ma tanta fu l'affezione a produrre la creatura spirituale, che la prescienza d'alquanti che a malo fine doveano venire non dovea né potea Iddio da quella produzione rimuovere. **10.** Ché non sarebbe da laudare la Natura se, sappiendo prima che li fiori di un'arbore in certa parte perdere si dovessero, non producesse in quella fiori, e per li vani abbandonasse la produzione de li fruttiferi. **11.** Dico adunque che Iddio, che tutto intende (ché suo 'girare' è suo 'intendere'), non vede tanto gentil cosa quanto elli vede quando mira là dove è questa Filosofia. Ché avvegna che Dio, esso medesimo mirando, veggia insiememente tutto, in quanto la distinzione de le cose è in lui per [lo] modo che lo effetto è ne la cagione, vede quelle distinte. **12.** Vede adunque questa nobilissima di tutte assolutamente, in quanto perfettissimamente in sé la vede e in sua essenzia. Ché se a memoria si reduce ciò che detto è di sopra, filosofia è uno amoroso uso di sapienza, lo quale massimamente è in Dio, però che in lui è somma sapienza e sommo amore e sommo atto; che non può essere altrove, se non in quanto da esso procede. **13.** È adunque la divina filosofia de la divina essenza, però che in esso non può essere cosa a la sua essenzia aggiunta; ed è nobilissima, però che nobilissima è la essenzia divina; ed è in lui per modo perfetto e vero, quasi per etterno matrimonio. Ne l'altre intelligenze è per modo minore, quasi come druda de la quale nullo amadore prende compiuta gioia, ma nel suo aspetto contentan la loro vaghezza. **14.** Per che dire si può che Dio non vede, cioè non intende, cosa alcuna tanto gentile quanto questa: dico cosa alcuna, in quanto l'altre cose vede e distingue, come detto è, veggendosi essere cagione di tutto. Oh nobilissimo ed eccellentissimo cuore, che ne la sposa de lo Imperadore del cielo s'intende, e non solamente sposa, ma suora e figlia dilettissima!

CAPITOLO XIII

1. Veduto come, nel principio de le laude di costei, sottilmente si dice essa essere de la divina sustanza, in quanto primieramente si considera, da procedere e da vedere è come secondamente dico essa essere ne le causate intelligenze. **2.** Dico adunque: *Ogni Intelletto di là su la mira*: dove è da sapere che "di là su" dico, facendo relazione a Dio che dinanzi è menzionato; e per questo escludo le Intelligenze che sono in essilio de la superna patria, le quali filosofare non possono, però che amore in loro è del tutto spento, e a filosofare, come già detto è, è necessario amore. Per che si vede che le infernali Intelligenze da lo aspetto di questa bellissima sono private. E però che essa è beatitudine de lo 'ntelletto, la sua privazione è amarissima e piena d'ogni tristizia. **3.** Poi quando dico: *E quella gente che qui s'innamora*, discendo a mostrare come ne l'umana intelligenza essa secondariamente ancora vegna; de la quale filosofia umana seguito poi per lo trattato, essa commendando. Dico adunque che la gente che s'innamora 'qui', cioè in questa vita, la sente nel suo pensiero, non sempre, ma quando Amore fa de la sua pace sentire. Dove sono da vedere tre cose che in questo testo sono toccate. **4.** La prima si è quando si dice: *la gente che qui s'innamora*, per che pare farsi distinzione ne l'umana generazione. E di necessitate far si conviene, ché, secondo che manifestamente appare, e nel seguente trattato per intenzione si ragionerà, grandissima parte de li uomini vivono più secondo lo senso che secondo ragione; e quelli che secondo lo senso vivono di questa innamorare è impossibile, però che di lei avere non possono alcuna apprensione. **5.** La seconda si è quando dice: *Quando Amor fa sentire*, dove si par fare distinzione di tempo. La qual cosa anco [far si conviene, ché], avvegna che le intelligenze separate questa donna mirino continuamente, la umana intelligenza ciò fare non può; però che l'umana natura - fuori de la speculazione, de la quale s'appaga lo 'ntelletto e la ragione - abbisogna di molte cose a suo sustentamento: per che la nostra sapienza è talvolta abituale solamente, e non attuale, che non incontra ciò ne l'altre intelligenze, che solo di natura intellettiva sono perfette. **6.** Onde quando l'anima nostra non hae atto di speculazione, non si può dire veramente che sia in filosofia, se non in quanto ha l'abito di quella e la potenza di poter lei svegliare; e però tal volta è con quella gente che qui s'innamora, e tal volta no. **7.** La terza è quando dice l'ora che quella gente è con essa, cioè quando Amore de la sua pace fa sentire; che non vuole altro dire se non quando l'uomo è in ispeculazione attuale, però che de la pace di questa donna non fa lo studio [sentire] se non ne l'atto de la speculazione. E così si vede come questa è donna primamente di Dio e secondariamente de l'altre intelligenze separate, per continuo sguardare; e appresso de l'umana intelligenza per riguardare discontinuato. **8.** Veramente, sempre è l'uomo che ha costei per donna da chiamare filosofo, non ostante che tuttavia non sia ne l'ultimo atto di filosofia, però che da l'abito maggiormente è altri da denominare. Onde dicemo alcuno virtuoso, non solamente virtute operando, ma l'abito de la virtù avendo; e dicemo l'uomo facundo eziandio non parlando, per l'abito de la facundia, cioè del bene parlare. E di questa filosofia, in quanto da l'umana intelligenza è partecipata, saranno omai le seguenti commendazioni, a mostrare come grande parte del suo bene a l'umana natura è conceduto. **9.** Dico dunque appresso: 'Suo essere piace tanto a chi liele dà' (dal quale, sì come da fonte primo, si diriva), 'che [in lei la sua virtute infonde] sempre, oltre la capacitade de la nostra natura', la quale fa bella e virtuosa. Onde, avvegna che a l'abito di quella per alquanti si vegna, non vi si viene sì per alcuno, che propriamente abito dire si possa; però che 'l primo studio, cioè quello per lo quale l'abito si genera, non puote quella perfettamente acquistare. **10.** E qui si vede s'umil è sua loda; che, perfetta o imperfetta, nome di perfezione non perde. E per questa sua dismisuranza si dice che l'anima de la filosofia *lo manifesta in quel ch'ella conduce*, cioè che Iddio mette sempre in lei del suo lume. Dove si vuole a memoria reducere che di sopra è detto che amore è forma di Filosofia, e però qui si chiama anima di lei. **11.** Lo quale amore manifesto è nel viso de la Sapienza, ne lo quale esso conduce mirabili bellezze, cioè contentamento in ciascuna condizione di tempo e dispregiamento di quelle cose che li altri fanno loro signori. Per che avviene che li altri miseri che ciò mirano, ripensando lo loro difetto, dopo lo desiderio de la perfezione caggiono in fatica di sospiri; e questo è quello che dice: *Che li occhi di color dov'ella luce Ne mandan messi al cor pien di desiri, Che prendon aire e diventan sospiri.*

CAPITOLO XIV

1. Sì come ne la litterale esposizione dopo le generali laude a le speziali si discende, prima da la parte de l'anima, poi da la parte del corpo, così ora intende lo testo, dopo le generali commendazioni, a speziali discendere. Sì come detto è di sopra, Filosofia per subietto materiale qui ha la sapienza, e per forma ha amore, e per composto de l'uno e de l'altro l'uso di speculazione. **2.** Onde in questo verso che seguentemente comincia: *In lei discende la virtù divina*, io intendo commendare l'amore, che è parte de la filosofia. Ove è da sapere che discender la virtude d'una cosa in altra non è altro che ridurre quella in sua similitudine, sì come ne li agenti naturali vedemo manifestamente; che, discendendo la loro virtù ne le pazienti cose, recano quelle a loro similitudine, tanto quanto possibili sono a venire ad essa. **3.** Onde vedemo lo sole che, discendendo lo raggio suo qua giù, reduce le cose a sua similitudine di lume, quanto esse per loro disposizione possono da la [sua] virtude lume ricevere. Così dico che Dio questo amore a sua similitudine reduce, quanto esso è possibile a lui assimigliarsi. E ponsi la qualitade de la reduzione, dicendo: *Sì come face in angelo che 'l vede.* **4.** Ove ancora è da sapere che lo primo agente, cioè Dio, pinge la sua virtù in cose per modo di diritto raggio, e in cose per modo di splendore reverberato; onde ne le Intelligenze raggia la divina luce sanza mezzo, ne l'altre si ripercuote da queste Intelligenze prima illuminate. **5.** Ma però che qui è fatta menzione di luce e di splendore, a perfetto intendimento mostrerò [la] differenza di questi vocabuli, secondo che Avicenna sente. Dico che l'usanza de' filosofi è di chiamare 'luce' lo lume, in quanto esso è nel suo fontale principio; di chiamare 'raggio', in quanto esso è per lo mezzo, dal principio al primo corpo dove si termina; di chiamare 'splendore', in quanto esso è in altra parte alluminata ripercosso. **6.** Dico adunque che la divina virtù sanza mezzo questo amore tragge a sua similitudine. E ciò si può fare manifesto massimamente in ciò, che sì come lo divino amore è tutto etterno, così conviene che sia etterno lo suo obietto di necessitate, sì che etterne cose siano quelle che esso ama. E così face questo amore amare; ché la sapienza, ne la quale questo amore fere, etterna è. **7.** Ond'è scritto di lei: "Dal principio dinanzi da li secoli creata sono, e nel secolo che dee venire non verrò meno"; e ne li Proverbi di Salomone essa Sapienza dice: "Etternalmente ordinata sono"; e nel principio di Giovanni, ne l'Evangelio, si può la sua etternitade apertamente notare. E quinci nasce che là dovunque questo amore splende, tutti li altri amori si fanno oscuri e quasi spenti, imperò che lo suo obietto etterno improporzionalmente li altri obietti vince e soperchia. **8.** Per che li filosofi eccellentissimi ne li loro atti apertamente lo ne dimostraro, per li quali sapemo essi tutte l'altre cose, fuori che la sapienza, avere messe a non calere. Onde Democrito, de la propria persona non curando, né barba né capelli né unghie si togliea; Platone, de li beni temporali non curando, la reale dignitade mise a non calere, che figlio di re fue; Aristotile, d'altro amico non curando, contra lo suo migliore amico - fuori di quella - combatteo, sì come contra lo nomato Platone. E perché di questi parliamo, quando troviamo li altri che per questi pensieri la loro vita disprezzaro, sì come Zeno, Socrate, Seneca, e molti altri? **9.** E però è manifesto che la divina virtù, a guisa [che in] angelo, in questo amore ne li uomini discende. E per dare esperienza di ciò, grida sussequentemente lo testo: *E qual donna gentil questo non crede, Vada con lei e miri.* Per donna gentile s'intende la nobile anima d'ingegno, e libera ne la sua propia potestate, che è la ragione. **10.** Onde l'altre anime dire non si possono donne, ma ancille, però che non per loro sono ma per altrui; e lo Filosofo dice, nel secondo de la Metafisica, che quella cosa è libera, che per sua cagione è, non per altrui. **11.** Dice: *Vada con lei e miri li atti sui,* cioè accompagnisi di questo amore, e guardi a quello che dentro da lui troverà. E in parte ne tocca, dicendo: *Quivi dov'ella parla, si dichina,* cioè, dove la filosofia è in atto, si dichina un celestial pensiero, nel quale si ragiona questa essere più che umana operazione: e dice 'del cielo' a dare a intendere che non solamente essa, ma li pensieri amici di quella sono astratti da le basse e terrene cose. **12.** Poi sussequentemente dice com'ell'avvalora e accende amore dovunque ella si mostra, con la suavitade de li atti, ché sono tutti li suoi sembianti onesti, dolci e sanza soverchio alcuno. E sussequentemente, a maggiore persuasione de la sua compagnia fare, dice: *Gentile è in donna ciò che in lei si trova, E bello è tanto quanto lei simiglia.* **13.** Ancora soggiugne: *E puossi dir che 'l suo aspetto giova:* dove è da sapere che lo sguardo di questa donna fu a noi così largamente ordinato, non pur per la faccia, che ella ne dimostra, vedere, ma per le cose che ne tiene celate desiderare ed acquistare. **14.** Onde, sì come per lei molto di quello si vede per ragione, e per consequente [si crede poter essere], che sanza lei pare maraviglia, così per lei si crede ogni miracolo in più alto intelletto pote[r] avere ragione, e per consequente pote[r] essere. Onde la nostra buona fede ha sua origine; da la quale viene la speranza, [che è] lo proveduto desiderare; e per quella nasce l'operazione de la caritade. **15.** Per le quali tre virtudi si sale a filosofare a quelle Atene celestiali, dove li Stoici e Peripatetici e Epicurii, per la l[uc]e de la veritade etterna, in uno volere concordevolmente concorrono.

CAPITOLO XV

1. Ne lo precedente capitolo questa gloriosa donna è commendata secondo l'una de le sue parti componenti, cioè amore. Ora in questo, ne lo quale io intendo esponere quel verso che comincia: *Cose appariscon ne lo suo aspetto,* si conviene trattare commendando l'altra parte sua, cioè sapienza. **2.** Dice adunque lo testo 'che ne la faccia di costei appariscono cose che mostrano de' piaceri di Paradiso'; e distingue lo loco dove ciò appare, cioè ne li occhi e ne lo riso. E qui si conviene sapere che li occhi de la Sapienza sono le sue demonstrazioni, con le quali si vede la veritade certissimamente; e lo suo riso sono le sue persuasioni, ne le quali si dimostra la luce interiore de la Sapienza sotto alcuno velamento: e in queste due cose si sente quel piacere altissimo di beatitudine, lo quale è massimo bene in Paradiso. **3.** Questo piacere in altra cosa di qua giù essere non può, se non nel guardare in questi occhi e in questo riso. E la ragione è questa: che, con ciò sia cosa che ciascuna cosa naturalmente disia la sua perfezione, sanza quella essere non può [l'uomo] contento, che è essere beato; ché quantunque l'altre cose avesse, sanza questa rimarrebbe in lui desiderio: lo quale essere non può con la beatitudine, acciò che la beatitudine sia perfetta cosa e lo desiderio sia cosa defettiva; ché nullo desidera quello che ha, ma quello che non ha, che è manifesto difetto. **4.** E in questo sguardo solamente l'umana perfezione s'acquista, cioè la perfezione de la ragione, de la quale, sì come di principalissima parte, tutta la nostra essenza depende; e tutte l'altre nostre operazioni - sentire, nutrire, e tutto - sono per quella sola, e questa è per sé, e non per altri; sì che, perfetta sia questa, perfetta è quella, tanto cioè che l'uomo, in quanto ello è uomo, vede terminato ogni desiderio, e così è beato. **5.** E però si dice nel libro di Sapienza: "Chi gitta via la sapienza e la dottrina, è infelice": che è privazione de l'essere felice. [Essere felice] per l'abito de la sapienza seguita che s'acquista, e 'felice [essere'] è 'essere contento', secondo la sentenza del Filosofo. Dunque si vede come ne l'aspetto di costei de le cose di Paradiso appaiono. E però si legge nel libro allegato di Sapienza, di lei parlando: "Essa è candore de la etterna luce e specchio sanza macula de la maestà di Dio". **6.** Poi, quando si dice: *Elle soverchian lo nostro intelletto*, escuso me di ciò, che poco parlar posso di quelle, per la loro soperchianza. Dov'è da sapere che in alcuno modo queste cose nostro intelletto abbagliano, in quanto certe cose affermano essere, che lo 'ntelletto nostro guardare non può, cioè Dio e la etternitate e la prima materia; che certissimamente si veggiono e con tutta fede si credono essere, e per[ò] quello che sono intender noi non potemo [e nullo] se non co[me] sognando si può appressare a la sua conoscenza, e non altrimenti. **7.** Veramente può qui alcuno forte dubitare come ciò sia, che la sapienza possa fare l'uomo beato, non potendo a lui perfettamente certe cose mostrare; con ciò sia cosa che 'l naturale desiderio sia a l'uomo di sapere, e sanza compiere lo desiderio beato essere non possa. **8.** A ciò si può chiaramente rispondere che lo desiderio naturale in ciascuna cosa è misurato secondo la possibilitade de la cosa desiderante: altrimenti andrebbe in contrario di sé medesimo, che impossibile è; e la Natura l'avrebbe fatto indarno, che è anche impossibile. **9.** In contrario andrebbe: ché, desiderando la sua perfezione, desiderrebbe la sua imperfezione; imperò che desiderrebbe sé sempre desiderare e non compiere mai suo desiderio (e in questo errore cade l'avaro maladetto, e non s'accorge che desidera sé sempre desiderare, andando dietro al numero impossibile a giungere). Avrebbelo anco la Natura fatto indarno, però che non sarebbe ad alcuno fine ordinato. E però l'umano desiderio è misurato in questa vita a quella scienza che qui avere si può, e quello punto non passa se non per errore, lo quale è di fuori di naturale intenzione. **10.** E così è misurato ne la natura angelica, e terminato, in quanto, in quella sapienza che la natura di ciascuno può apprendere. E questa è la ragione per che li Santi non hanno tra loro invidia, però che ciascuno aggiugne lo fine del suo desiderio, lo quale desiderio è con la bontà de la natura misurato. Onde, con ciò sia cosa che conoscere di Dio e di certe altre cose quello esse sono non sia possibile a la nostra natura, quello da noi naturalmente non è desiderato di sapere. E per questo è la dubitazione soluta. **11.** Poi quando dice: *Sua bieltà piove fiammelle di foco*, discende ad un altro piacere di Paradiso, cioè de la felicitade secondaria a questa prima, la quale de la sua biltade procede. Dove è da sapere che la moralitade è bellezza de la filosofia; ché così come la bellezza del corpo resulta da le membra in quanto sono debitamente ordinate, così la bellezza de la sapienza, che è corpo di Filosofia come detto è, resulta da l'ordine de le virtudi morali, che fanno quella piacere sensibilemente. **12.** E però dico che sua biltà, cioè moralitade, piove fiammelle di foco, cioè appetito diritto, che s'ingenera nel piacere de la morale dottrina; lo quale appetito ne diparte eziandio da li vizii naturali, non che da li altri. E quinci nasce quella felicitade, la quale diffinisce Aristotile nel primo de l'Etica, dicendo che è operazione secondo vertù in vita perfetta. **13.** E quando dice: *Però qual donna sente sua bieltate*, procede in loda di costei, gridando a la gente che la seguiti [e] dicendo loro lo suo beneficio, cioè che per seguitare lei diviene ciascuno buono. Però dice: *qual donna*, cioè quale anima, sente sua biltate biasimare per non parere quale parere si conviene, miri in questo essemplo. **14.** Ove è da sapere che li costumi sono beltà de l'anima, cioè le vertudi massimamente, le quali tal volta per vanitadi o per superbia si fanno men belle e men gradite, sì come ne l'ultimo trattato vedere si potrà. E però dico che, a fuggire questo, si guardi in costei, cioè colà dov'ella è essemplo d'umiltà; cioè in quella parte di sé che morale filosofia si chiama. E soggiungo che, mirando costei - dico la sapienza - in questa parte, ogni viziato tornerà diritto e buono; e però dico: *Questa è colei ch'umilia ogni perverso*, cioè volge dolcemente chi fuori di debito ordine è piegato. **15.** Ultimamente, in massima laude di sapienza, dico lei essere di tutto madre [e prima di] qualunque principio, dicendo che con lei Iddio cominciò lo mondo e spezialmente lo movimento del cielo, lo quale tutte le cose genera e dal quale ogni movimento è principiato e mosso: dicendo: *Costei pensò chi mosse l'universo.* Ciò è a dire che nel divino pensiero, ch'è esso intelletto, essa era quando lo mondo fece; onde seguita che ella lo facesse. **16.** E però disse Salomone in quello de' Proverbi in persona de la Sapienza: "Quando Iddio apparecchiava li cieli, io era presente; quando con certa legge e con certo giro vallava li abissi, quando suso fermava [l'etera] e suspendeva le fonti de l'acque, quando circuiva lo suo termine al mare e poneva legge a l'acque che non passassero li suoi confini, quando elli appendeva li fondamenti de la terra, con lui e io era, disponente tutte le cose, e dilettavami per ciascuno die". **17.** O peggio che morti che l'amistà di costei fuggite, aprite li occhi vostri e mirate: ché, innanzi che voi foste, ella fu amatrice di voi, acconciando e ordinando lo vostro processo; e, poi che fatti foste, per voi dirizzare, in vostra similitudine venne a voi. **18.** E se tutti al suo conspetto venire non potete, onorate lei ne' suoi amici e seguite li comandamenti loro, sì come [quelli] che nunziano la volontà di questa etternale imperadrice; non chiudete li orecchi a Salomone che ciò vi dice, dicendo che 'la via de' giusti è quasi luce splendiente, che procede e cresce infino al die de la beatitudine': andando loro dietro, mirando le loro operazioni, che essere debbono a voi luce nel cammino di questa brevissima vita. **19.** E qui si può terminare la vera sentenza de la presente canzone. Veramente l'ultimo verso, che per tornata è posto, per la litterale esposizione assai leggermente qua si può ridurre, salvo in tanto quanto dice che io [s]ì chiamai questa donna *fera e disdegnosa.* Dove è da sapere che dal principio essa filosofia pareva a me, quanto da la parte del suo corpo, cioè sapienza, fiera, ché non mi ridea, in quanto le sue persuasioni ancora non intendea; e disdegnosa, ché non mi volgea l'occhio, cioè ch'io non potea vedere le sue dimostrazioni: e di tutto questo lo difetto era dal mio lato. **20.** E per questo, e per quello che ne la sentenza litterale è dato, è manifesta l'allegoria de la tornata; sì che tempo è, per più oltre procedere, di porre fine a questo trattato.

TRATTATO QUARTO

CANZONE TERZA

Le dolci rime d'amor ch'i' solia
cercar ne' miei pensieri,
convien ch'io lasci; non perch'io non speri
ad esse ritornare,
5 ma perché li atti disdegnosi e feri,
che ne la donna mia
sono appariti, m'han chiusa la via
de l'usato parlare.
E poi che tempo mi par' d'aspettare,
10   diporrò giù lo mio soave stile,
ch'i' ho tenuto nel trattar d'amore;
e dirò del valore,
per lo qual veramente omo è gentile,
con rima aspr' e sottile;
15   riprovando 'l giudicio falso e vile
di quei che voglion che di gentilezza
sia principio ricchezza.
E, cominciando, chiamo quel signore
ch'a la mia donna ne li occhi dimora,
20   per ch'ella di sé stessa s'innamora.
Tale imperò che gentilezza volse,
secondo 'l suo parere,
che fosse antica possession d'avere
con reggimenti belli;
25   e altri fu di più lieve savere,
che tal detto rivolse,
e l'ultima particula ne tolse,
ché non l'avea fors'elli!
Di retro da costui van tutti quelli
30   che fan gentile per ischiatta altrui
che lungiamente in gran ricchezza è stata;
ed è tanto durata
la così falsa oppinion tra nui,
che l'uom chiama colui
35   omo gentil che può dicere: 'Io fui
nepote, o figlio, di cotal valente',
benché sia da niente.

Ma vilissimo sembra, a chi 'l ver guata,
cui è scorto 'l cammino e poscia l'erra,
40   e tocca a tal, ch'è morto e va per terra!
Chi diffinisce: 'Omo è legno animato',
prima dice non vero,
e, dopo 'l falso, parla non intero;
ma più forse non vede.
45   Similemente fu chi tenne impero
in diffinire errato,
ché prima puose 'l falso e, d'altro lato,
con difetto procede;
ché le divizie, sì come si crede,
50   non posson gentilezza dar né tòrre,
però che vili son da lor natura:
poi chi pinge figura,
se non può esser lei, non la può porre,
né la diritta torre
55   fa piegar rivo che da lungi corre.
Che siano vili appare ed imperfette,
ché, quantunque collette,
non posson quietar, ma dan più cura;
onde l'animo ch'è dritto e verace
60   per lor discorrimento non si sface.
Né voglion che vil uom gentil divegna,
né di vil padre scenda
nazion che per gentil già mai s'intenda;
questo è da lor confesso:
65   onde lor ragion par che sé offenda
in tanto quanto assegna
che tempo a gentilezza si convegna,
diffinendo con esso.
Ancor segue di ciò che innanzi ho messo
70   che siam tutti gentili o ver villani,
o che non fosse ad uom cominciamento;
ma ciò io non consento,
ned ellino altressì, se son cristiani!
Per che a 'ntelletti sani
75   è manifesto i lor diri esser vani,
e io così per falsi li riprovo,
e da lor mi rimovo;
e dicer voglio omai, sì com'io sento,
che cosa è gentilezza, e da che vene,

80   e dirò i segni che 'l gentile uom tene.
   Dico ch'ogni vertù principalmente
   vien da una radice:
   vertute, dico, che fa l'uom felice
   in sua operazione.
85   Questo è, secondo che l'Etica dice,
   un abito eligente
   lo qual dimora in mezzo solamente,
   e tai parole pone.
   Dico che nobiltate in sua ragione
90   importa sempre ben del suo subietto,
   come viltate importa sempre male;
   e vertute cotale
   dà sempre altrui di sé buono intelletto;
   per che in medesmo detto
95   convegnono ambedue, ch'en d'uno effetto.
   Onde convien da l'altra vegna l'una,
   o d'un terzo ciascuna;
   ma se l'una val ciò che l'altra vale,
   e ancor più, da lei verrà più tosto.
100   E ciò ch'io dett'ho qui sia per supposto.
   È gentilezza dovunqu'è vertute,
   ma non vertute ov'ella;
   sì com'è 'l cielo dovunqu'è la stella,
   ma ciò non e *converso*.
105   E noi in donna e in età novella
   vedem questa salute,
   in quanto vergognose son tenute,
   ch'è da vertù diverso.
   Dunque verrà, come dal nero il perso,
110   ciascheduna vertute da costei,
   o vero il gener lor, ch'io misi avanti.
   Però nessun si vanti
   dicendo: 'Per ischiatta io son con lei',
   ch'elli son quasi dei
115   quei c'han tal grazia fuor di tutti rei;
   ché solo Iddio a l'anima la dona
   che vede in sua persona
   perfettamente star: sì ch'ad alquanti
   che seme di felicità s'accosta,
120   messo da Dio ne l'anima ben posta.
   L'anima cui adorna esta bontate

non la si tiene ascosa,
ché dal principio ch'al corpo si sposa
la mostra infin la morte.
125   Ubidente, soave e vergognosa
è ne la prima etate,
e sua persona adorna di bieltate
con le sue parti accorte;
in giovinezza, temperata e forte,
130   piena d'amore e di cortese lode,
e solo in lealtà far si diletta;
è ne la sua senetta
prudente e giusta, e larghezza se n'ode,
e 'n sé medesma gode
135   d'udire e ragionar de l'altrui prode;
poi ne la quarta parte de la vita
a Dio si rimarita,
contemplando la fine che l'aspetta,
e benedice li tempi passati.
140   Vedete omai quanti son l'ingannati!
Contra-li-erranti mia, tu te n'andrai;
e quando tu sarai
in parte dove sia la donna nostra,
non le tenere il tuo mestier coverto:
145   tu le puoi dir per certo:
"Io vo parlando de l'amica vostra".

CAPITOLO I

1. Amore, secondo la concordevole sentenza de li savi di lui ragionanti, e secondo quello che per esperienza continuamente vedemo, è che congiunge e unisce l'amante con la persona amata; onde Pittagora dice: "Ne l'amistà si fa uno di più". **2.** E però che le cose congiunte comunicano naturalmente intra sé le loro qualitadi, in tanto che talvolta è che l'una torna del tutto ne la natura de l'altra, incontra che le passioni de la persona amata entrano ne la persona amante, sì che l'amore de l'una si comunica ne l'altra, e così l'odio e lo desiderio e ogni altra passione. Per che li amici de l'uno sono da l'altro amati, e li nemici odiati; per che in greco proverbio è detto: "De li amici essere deono tutte le cose comuni". **3.** Onde io, fatto amico di questa donna, di sopra ne la verace esposizione nominata, cominciai ad amare e odiare secondo l'amore e l'odio suo. Cominciai adunque ad amare li seguitatori de la veritade e odiare li seguitatori de lo errore e de la falsitade, com'ella face. **4.** Ma però che ciascuna cosa per sé è da amare, e nulla è da odiare se non per sopravenimento di malizia, ragionevole e onesto è, non le cose, ma le malizie de le cose odiare e procurare da esse di partire. E a ciò s'alcuna persona intende, la mia eccellentissima donna intende massimamente: a partire, dico, la malizia de le cose, la qual cagione è d'odio; però che in lei è tutta ragione e in lei è fontalemente l'onestade. **5.** Io, lei seguitando ne l'opera sì come ne la passione quanto potea, li errori de la gente abominava e dispregiava, non per infamia o vituperio de li erranti, ma de li errori; li quali biasimando credea far dispiacere, e, dispiaciuti, partire da coloro che per essi eran da me odiati. **6.** Intra li quali errori uno io massimamente riprendea, lo quale non solamente è dannoso e pericoloso a coloro che in esso stanno, ma eziandio a li altri, che lui riprendano, porta dolore e danno. **7.** Questo è l'errore de l'umana bontade in quanto in noi è da la natura seminata e che 'nobilitade' chiamare si dee; che per mala consuetudine e per poco intelletto era tanto fortificato che [l'] oppinione, quasi di tutti, n'era falsificata: e de la falsa oppinione nascevano li falsi giudicii, e de' falsi giudicii nascevano le non giuste reverenze e vilipensioni; per che li buoni erano in villano dispetto tenuti, e li malvagi onorati ed essaltati. La qual cosa era pessima confusione del mondo; sì come veder puote chi mira quello che di ciò può seguitare, sottilmente. **8.** Per che, con ciò fosse cosa che questa mia donna un poco li suoi dolci sembianti transmutasse a me, massimamente in quelle parti dove io mirava e cercava se la prima materia de li elementi era da Dio intesa, - per la qual cosa un poco dal frequentare lo suo aspetto mi sostenni -, quasi ne la sua assenzia dimorando, entrai a riguardare col pensiero lo difetto umano intorno al detto errore. **9.** E per fuggire oziositade, che massimamente di questa donna è nemica, e per istinguere questo errore che tanti amici le toglie, proposi di gridare a la gente che per mal cammino andavano, acciò che per diritto calle si dirizzassero; e cominciai una canzone nel cui principio dissi: *Le dolci rime d'amor ch'i' solia*. Ne la quale io intendo riducer la gente in diritta via sopra la propia conoscenza de la verace nobilitade; sì come per la conoscenza del suo testo, a la esposizione del quale ora s'intende, vedere si potrà. **10.** E però che in questa canzone s'intese a rimedio così necessario, non era buono sotto alcuna figura parlare, ma convennesi per via tostana questa medicina, acciò che fosse tostana la sanitate,[dare]; la quale corrotta, a così laida morte si correa. **11.** Non sarà dunque mestiere ne la esposizione di costei alcuna allegoria aprire, ma solamente la sentenza secondo la lettera ragionare. Per mia donna intendo sempre quella che ne la precedente ragione è ragionata, cioè quella luce virtuosissima,

Filosofia, li cui raggi fanno ne li fiori rifronzire e fruttificare la verace de li uomini nobilitade, de la quale trattare la proposta canzone pienamente intende.

CAPITOLO II

1. Nel principio de la impresa esposizione, per meglio dare a intendere la sentenza de la proposta canzone, conviensi quella partire prima in due parti, che ne la prima parte pr[oemi]almente si parla, ne la seconda si seguita lo trattato; e comincia la seconda parte nel cominciamento del secondo verso, dove dice: *Tale imperò che gentilezza volse.* **2.** La prima parte ancora in tre membra si può comprendere: nel primo si dice perché da lo parlare usato mi parto; nel secondo dico quello che è di mia intenzione a trattare; nel terzo domando aiutorio a quella cosa che più aiutare mi può, cioè a la veritade. Lo secondo membro comincia: *E poi che tempo mi par d'aspettare.* Lo terzo comincia: *E, cominciando, chiamo quel signore.* **3.** Dico adunque che 'a me conviene lasciare le dolci rime d'amore le quali solieno cercare li miei pensieri'; e la cagione assegno, perché dico che ciò non è per intendimento di più non rimare d'amore, ma però che ne la donna mia nuovi sembianti sono apparti li quali m'hanno tolto materia di dire al presente d'amore. **4.** Ov'è da sapere che non si dice qui li atti di questa donna essere 'disdegnosi e fieri' se non secondo l'apparenza; sì come, nel decimo capitolo del precedente trattato, si può vedere come altra volta dico che l'apparenza de la veritade si discordava. E come ciò può essere, che una medesima cosa sia dolce e paia amara, o vero sia chiara e paia oscura, qui[vi] sufficientemente vedere si può. **5.** Appresso, quando dico: *E poi che tempo mi par d'aspettare*, dico, sì come detto è, questo che trattare intendo. E qui non è da trapassare con piede secco ciò che si dice in 'tempo aspettare', imperò che potentissima cagione è de la mia mossa; ma da vedere è come ragionevolmente quel tempo in tutte le nostre operazioni si dee attendere, e massimamente nel parlare. **6.** Lo tempo, secondo che dice Aristotile nel quarto de la Fisica, è "numero di movimento, secondo prima e poi"; e "numero di movimento celestiale", lo quale dispone le cose di qua giù diversamente a ricevere alcuna informazione. **7.** Ché altrimenti è disposta la terra nel principio de la primavera a ricevere in sé la informazione de l'erbe e de li fiori, e altrimenti lo verno; e altrimenti è disposta una stagione a ricevere lo seme che un'altra. E così la nostra mente, in quanto ella è fondata sopra la complessione del corpo, che a seguitare la circulazione del cielo altrimenti è disposto un tempo e altrimenti un altro. **8.** Per che le parole, che sono quasi seme d'operazione, si deono molto discretamente sostenere e lasciare, [sì] perché bene siano ricevute e fruttifere vegnano, sì perché da la loro parte non sia difetto di sterilitade. E però lo tempo è da provedere, sì per colui che parla come per colui che dee udire: ché se 'l parladore è mal disposto, più volte sono le sue parole dannose; e se l'uditore è mal disposto, mal sono quelle ricevute che buone siano. E però Salomone dice ne lo Ecclesiaste: "Tempo è da parlare, e tempo è da tacere". **9.** Per che io sentendo in me turbata disposizione, per la cagione che detta è nel precedente capitolo, a parlare d'Amore, parve a me che fosse d'aspettare tempo, lo quale seco porta lo fine d'ogni desiderio, e appresenta, quasi come donatore, a coloro a cui non incresce d'aspettare. **10.** Onde dice santo Iacopo apostolo ne la sua Pistola: "Ecco lo agricola aspetta lo prezioso frutto de la terra, pazientemente sostenendo infino che riceva lo temporaneo e lo serotino". E tutte le nostre brighe, se bene veniamo a cercare li loro principii, procedono quasi dal non conoscere l'uso del tempo. **11.** Dico: 'poi che da aspettare mi pare, diporroe', cioè lascierò stare, 'lo mio stilo', cioè modo, 'soave' che d'Amore parlando hoe tenuto; e dico di dicere di quello 'valore' per lo quale uomo è gentile veracemente. E avvegna che 'valore' intendere si possa per più modi, qui si prende 'valore' quasi potenza di natura, o vero bontade da quella data, sì come di sotto si vedrà. **12.** E prometto di trattare di questa materia *con rima aspr'e sottile*. Per che sapere si conviene che 'rima' si può doppiamente considerare, cioè largamente e strettamente: strett[amente] s'intende pur per quella concordanza che ne l'ultima e penultima sillaba far si suole; quando largamente s'intende, [s'intende] per tutto quel parlare che 'n numeri e tempo regolato in rimate consonanze cade, e così qui in questo proemio prendere e intendere si vuole. **13.** E però dice *aspra* quanto al suono de lo dittato, che a tanta materia non conviene essere leno; e dice *sottile* quanto a la sentenza de le parole, che sottilmente argomentando e disputando procedono. **14.** E soggiungo: *Riprovando 'l giudicio falso e vile*, ove si promette ancora di riprovare lo giudicio de la gente piena d'errore; *falso*, cioè rimosso da la veritade, e *vile*, cioè da viltà d'animo affermato e fortificato. **15.** Ed è da guardare a ciò, che in questo proemio prima si promette di trattare lo vero, e poi di riprovare lo falso, e nel trattato si fa l'opposito; ché prima si ripruova lo falso, e poi si tratta lo vero: che pare non convenire a la promessione. Però è da sapere che tutto che a l'uno e a l'altro s'intenda, al trattare lo vero s'intende principalmente; a riprovare lo falso s'intende in tanto in quanto la veritade meglio si fa apparire. **16.** E qui prima si promette lo trattare del vero, sì come principale intento, lo quale a l'anima de li auditori porta desiderio d'udire: nel trattato prima si ripruova lo falso, acciò che, fugate le male oppinioni, la veritade poi più liberamente sia ricevuta. E questo modo tenne lo maestro de l'umana ragione, Aristotile, che sempre prima combatteo con li avversari de la veritade e poi, quelli convinti, la veritade mostroe. **17.** Ultimamente, quando dico: *E, cominciando, chiamo quel signore*, chiamo la veritade che sia meco, la quale è quello signore che ne li occhi, cioè ne le dimostrazioni de la filosofia dimora, e bene è signore, ché a lei disposata l'anima è donna, e altrimenti è serva fuori d'ogni libertade. **18.** E dice: *Per ch'ella di sé stessa s'innamora*, però che essa filosofia, che è, sì come detto è nel precedente trattato, amoroso uso di sapienza, sé medesima riguarda, quando apparisce la bellezza de li occhi suoi a lei; che altro non è a dire, se non che l'anima filosofante non solamente contempla essa veritade, ma ancora contempla lo suo contemplare medesimo e la bellezza di quello, rivolgendosi sovra sé stessa e di sé stessa innamorando per la bellezza del suo primo guardare. E così termina ciò che proemialmente per tre membri porta lo testo del presente trattato.

CAPITOLO III

1. Veduta la sentenza del proemio, è da seguire lo trattato; e per meglio quello mostrare, partire si conviene per le sue parti principali, che sono tre: che ne la prima si tratta de la nobilitade secondo oppinioni d'altri; ne la seconda si tratta di quella secondo la propria oppinione; ne la terza si volge lo parlare a la canzone, ad alcuno adornamento di ciò che detto è. La seconda parte comincia: *Dico ch'ogni vertù principalmente.* **2.** La terza comincia: *Contra-li-erranti mia, tu te n'andrai.* E appresso queste tre parti generali, e altre divisioni fare si convegnono, a bene prender lo 'ntelletto che mostrare s'intende. **3.** Però nullo si maravigli se per molte divisioni si procede, con ciò sia cosa che grande e alta opera sia per le mani al presente e da li autori poco cercata, e che lungo convegna essere lo trattato e sottile, nel quale per me ora s'entra, a distrigare lo testo perfettamente secondo la sentenza che esso porta. **4.** Dunque dico che ora questa prima parte si divide in due: che ne la prima si pongono le oppinioni altrui, ne la seconda si ripruovano quelle; e comincia questa seconda parte: *Chi diffinisce: 'Omo è legno animato'.* **5.** Ancora la prima parte che rimane sì ha due membri: lo primo è la narrazione de l'oppinione de lo imperadore; lo secondo è la narrazione de l'oppinione de la gente volgare, che è d'ogni ragione ignuda. E comincia questo secondo membro: *E altri fu di più lieve savere.* **6.** Dico dunque: *Tale imperò*, cioè tale usò l'officio imperiale: dov'è da sapere che

Federigo di Soave, ultimo imperadore de li Romani - ultimo dico per rispetto al tempo presente, non ostante che Ridolfo e Andolfo e Alberto poi eletti siano, appresso la sua morte e de li suoi discendenti -, domandato che fosse gentilezza, rispuose ch'era antica ricchezza e belli costùmi. **7.** E dico che *altri fu di più lieve savere*: ché, pensando e rivolgendo questa diffinizione in ogni parte, levò via l'ultima particula, cioè li belli costumi, e tennesi a la prima, cioè a l'antica ricchezza; e, secondo che lo testo pare dubitare, forse per non avere li belli costumi non volendo perdere lo nome di gentilezza, diffinio quella secondo che per lui facea, cioè possessione d'antica ricchezza. **8.** E dico che questa oppinione è quasi di tutti, dicendo che dietro da costui vanno tutti coloro che fanno altrui gentile per essere di progenie lungamente stata ricca, con ciò sia cosa che quasi tutti così latrano. **9.** Queste due oppinioni - avvegna che l'una, come detto è, del tutto sia da non curare - due gravissime ragioni pare che abbiano in aiuto: la prima è che dice lo Filosofo che quello che pare a li più, impossibile è del tutto essere falso; la seconda ragione è l'autoritade de la diffinizione de lo imperadore. **10.** E perché meglio si veggia poi la vertude de la veritade, che ogni autoritade convince, ragionare intendo quanto l'una e l'altra di queste ragioni aiutatrice e possente è. E prima, [poi che] de la imperiale autoritade sapere non si può se non si ritruovano le sue radici, di quelle per intenzione in capitolo speziale è da trattare.

CAPITOLO IV

1. Lo fondamento radicale de la imperiale maiestade, secondo lo vero, è la necessità de la umana civilitade, che a uno fine è ordinata, cioè a vita felice; a la quale nullo per sé è sufficiente a venire sanza l'aiutorio d'alcuno, con ciò sia cosa che l'uomo abbisogna di molte cose, a le quali uno solo satisfare non può. E però dice lo Filosofo che l'uomo naturalmente è compagnevole animale. **2.** E sì come un uomo a sua sufficienza richiede compagnia dimestica di famiglia, così una casa a sua sufficienza richiede una vicinanza: altrimenti molti difetti sosterrebbe che sarebbero impedimento di felicitade. E però che una vicinanza [a] sé non può in tutto satisfare, conviene a satisfacimento di quella essere la cittade. Ancora la cittade richiede a le sue arti e a le sue difensioni vicenda avere e fratellanza con le circavicine cittadi; e però fu fatto lo regno. **3.** Onde, con ciò sia cosa che l'animo umano in terminata possessione di terra non si queti, ma sempre desideri gloria d'acquistare, sì come per esperienza vedemo, discordie e guerre conviene surgere intra regno e regno, le quali sono tribulazioni de le cittadi, e per le cittadi de le vicinanze, e per le vicinanze de le case, [e per le case] de l'uomo; e così s'impedisce la felicitade. **4.** Il perché, a queste guerre e a le loro ragioni torre via, conviene di necessitade tutta la terra, e quanto a l'umana generazione a possedere è dato, essere Monarchia, cioè uno solo principato, e uno prencipe avere; lo quale, tutto possedendo e più desiderare non possendo, li regi tegna contenti ne li termini de li regni, sì che pace intra loro sia, ne la quale si posino le cittadi, e in questa posa le vicinanze s'amino, in questo amore le case prendano ogni loro bisogno, lo qual preso, l'uomo viva felicemente; che è quello per che esso è nato. **5.** E a queste ragioni si possono reducere parole del Filosofo ch'egli ne la Politica dice, che quando più cose ad uno fine sono ordinate, una di quelle conviene essere regolante, o vero reggente, e tutte l'altre rette e regolate. Sì come vedemo una nave, che diversi offici e diversi fini di quella a uno solo fine sono ordinati, cioè a prendere loro desiderato porto per salutevole via: dove, sì come ciascuno officiale ordina la propria operazione nel proprio fine, così è uno che tutti questi fini considera, e ordina quelli ne l'ultimo di tutti; e questo è lo nocchiero, a la cui voce tutti obedire deono. **6.** Questo vedemo ne le religioni, ne li esserciti, in tutte quelle cose che sono, come detto è, a fine ordinate. Per che manifestamente vedere si può che a perfezione de la universale religione de la umana spezie conviene essere uno, quasi nocchiero, che considerando le diverse condizioni del mondo, a li diversi e necessari offici ordinare abbia del tutto universale e inrepugnabile officio di comandare. **7.** E questo officio per eccellenza Imperio è chiamato, sanza nulla addizione, però che esso è di tutti li altri comandamenti comandamento. E così chi a questo officio è posto è chiamato Imperadore, però che di tutti li comandamenti elli è comandatore, e quello che esso dice a tutti è legge, e per tutti dee essere obedito e ogni altro comandamento da quello di costui prendere vigore e autoritade. E così si manifesta la imperiale maiestade e autoritade essere altissima ne l'umana compagnia. **8.** Veramente potrebbe alcuno gavillare dicendo che, tutto che al mondo officio d'imperio si richeggia, non fa ciò l'autoritade de lo romano principe ragionevolemente somma, la quale s'intende dimostrare; però che la romana potenzia non per ragione né per decreto di convento universale fu acquistata, ma per forza, che a la ragione pare esser contraria. **9.** A ciò si può lievemente rispondere, che la elezione di questo sommo officiale convenia primieramente procedere da quello consiglio che per tutto provede, cioè Dio; altrimenti sarebbe stata la elezione per tutti non iguale; con ciò sia cosa che, anzi l'officiale predetto, nullo a bene di tutti intendea. **10.** E però che più dolce natura in segnoreggiando, e più forte in sostenendo, e più sottile in acquistando né fu né fia che quella de la gente latina - sì come per esperienza si può vedere - e massimamente [di] quello popolo santo nel quale l'alto sangue troiano era mischiato, cioè Roma, Dio quello elesse a quello officio. **11.** Però che, con ciò sia cosa che a quello ottenere non sanza grandissima vertude venire si potesse, e a quello usare grandissima e umanissima benignitade si richiedesse, questo era quello popolo che a ciò più era disposto. Onde non da forza fu principalmente preso per la romana gente, ma da divina provedenza, che è sopra ogni ragione. E in ciò s'accorda Virgilio nel primo de lo Eneida, quando dice, in persona di Dio parlando: "A costoro - cioè a li Romani - né termine di cose né di tempo pongo; a loro ho dato imperio sanza fine". **12.** La forza dunque non fu cagione movente, sì come credeva chi gavillava, ma fu cagione instrumentale, sì come sono li colpi del martello cagione del coltello, e l'anima del fabbro è cagione efficiente e movente; e così non forza, ma ragione, e ancora divina, [conviene] essere stata principio del romano imperio. **13.** E che ciò sia, per due apertissime ragioni vedere si può, le quali mostrano quella civitade imperatrice, e da Dio avere spezial nascimento, e da Dio avere spezial processo. **14.** Ma però che in questo capitolo sanza troppa lunghezza ciò trattare non si potrebbe, e li lunghi capitoli sono inimici de la memoria, farò ancora digressione d'altro capitolo per le toccate ragioni mostrare; che non fia sanza utilitade e diletto grande.

CAPITOLO V

1. Non è maraviglia se la divina Provedenza, che del tutto l'angelico e lo umano accorgimento soperchia, occultamente a noi molte volte procede, con ciò sia cosa che spesse volte l'umane operazioni a li uomini medesimi ascondono la loro intenzione; ma da maravigliare è forte, quando la essecuzione de lo etterno consiglio tanto manifesto procede c[on] la nostra ragione. **2.** E però io nel cominciamento di questo capitolo posso parlare con la bocca di Salomone, che in persona de la Sapienza dice ne li suoi Proverbi: "Udite: però che di grandi cose io debbo parlare". **3.** Volendo la 'nmensurabile bontà divina l'umana creatura a sé riconformare, che per lo peccato de la prevaricazione del primo uomo da Dio era partita e disformata, eletto fu in quello altissimo e congiuntissimo consistorio de la Trinitade, che 'l Figliuolo di Dio in terra discendesse a fare questa concordia. **4.** E però che ne la sua venuta nel mondo, non solamente lo cielo, ma la terra convenia essere in ottima disposizione; e la ottima disposizione de la terra sia quando ella è monarchia, cioè tutta ad uno principe, come detto è di sopra; ordinato fu per lo divino providimento quello popolo e quella cittade che ciò dovea compiere, cioè la gloriosa Roma. **5.** E però [che] anche l'albergo dove il celestiale rege intrare dovea, convenia essere mondissimo e purissimo, ordinata fu una progenie santissima, de la quale dopo molti meriti nascesse una femmina ottima di tutte l'altre, la quale fosse camera del Figliuolo di Dio: e questa progenie fu quella di David, del qual [di]scese la baldezza e l'onore de l'umana generazione, cioè Maria. **6.** E però è scritto in Isaia: "Nascerà virga de la radice di Iesse, e fiore de la sua radice salirà"; e Iesse fu padre del sopra detto David. E tutto questo fu in uno temporale, che David nacque e nacque Roma, cioè che Enea venne di Troia in Italia, che fu origine de la cittade romana, sì come testimoniano le scritture. Per che assai è manifesto la divina elezione del romano imperio, per lo nascimento de la santa cittade che fu contemporaneo a la radice de la progenie di Maria. **7.** E incidentemente è da toccare che, poi che esso cielo cominciò a girare, in migliore disposizione non fu che allora quando di là su discese Colui che l'ha fatto e che 'l governa; sì come ancora per virtù di loro arti li matematici possono ritrovare. **8.** Né 'l mondo mai non fu né sarà sì perfettamente disposto come allora che a la voce d'un solo, principe del roman popolo e comandatore, [si descrisse], sì come testimonia Luca evangelista. E però [che] pace universale era per tutto, che mai, più, non fu né fia, la nave de l'umana compagnia dirittamente per dolce cammino a debito porto correa. **9.** Oh ineffabile e incomprensibile sapienza di Dio che a una ora, per la tua venuta, in Siria suso e qua in Italia tanto dinanzi ti preparasti! E oh stoltissime e vilissime bestiuole che a guisa d'uomo voi pascete, che presummete contra nostra fede parlare e volete sapere, filando e zappando, ciò che Iddio, che tanta provedenza hae ordinata! Maladetti siate voi, e la vostra presunzione, e chi a voi crede! **10.** E come detto è di sopra nel fine del precedente trattato, non solamente speziale nascimento, ma speziale processo ebbe da Dio; ché brievemente, da Romolo incominciando che fu di quella primo padre, infino a la sua perfettissima etade, cioè al tempo del predetto suo imperadore, non pur per umane ma per divine operazioni andò lo suo processo. **11.** Che se consideriamo li sette regi che prima la governaro, cioè Romolo, Numa, Tullo, Anco e li re Tarquini, che furono quasi baiuli e tutori de la sua puerizia, noi trovare potremo per le scritture de le romane istorie, massimamente per Tito Livio, coloro essere stati di diverse nature, secondo l'opportunitade del procedente tempo. **12.** Se noi consideriamo poi [quella] per la maggiore adolescenza sua, poi che da la reale tutoria fu emancipata, da Bruto primo consolo infino a Cesare primo prencipe sommo, noi troveremo lei essaltata non con umani cittadini, ma con divini, ne li quali non amore umano, ma divino, era inspirato in amare lei. E ciò non potea né dovea essere se non per ispeziale fine, da Dio inteso in tanta celestiale infusione. **13.** E chi dirà che fosse sanza divina inspirazione, Fabrizio infinita quasi moltitudine d'oro rifiutare, per non volere abbandonare sua patria? Curio, da li Sanniti tentato di corrompere, grandissima quantità d'oro per carità de la patria rifiutare, dicendo che li romani cittadini non l'oro, ma li possessori de l'oro possedere voleano? e Muzio la sua mano propria incendere, perché fallato avea lo colpo che per liberare Roma pensato avea? **14.** Chi dirà di Torquato, giudicatore del suo figliuolo a morte per amore del publico bene, sanza divino aiutorio ciò avere sofferto? e Bruto predetto similemente? Chi dirà de li Deci e de li Drusi, che puosero la loro vita per la patria? Chi dirà del cattivato Regolo, da Cartagine mandato a Roma per commutare li presi cartaginesi a sé e a li altri presi romani, avere contra sé per amore di Roma, dopo la legazione ritratta, consigliato, solo [da umana, e non] da divina natura mosso? **15.** Chi dirà di Quinzio Cincinnato, fatto dittatore e tolto da lo aratro, e dopo lo tempo de l'officio, spontaneamente quello rifiutando, a lo arare essere ritornato? Chi dirà di Cammillo, bandeggiato e cacciato in essilio, essere venuto a liberare Roma contra li suoi nimici, e dopo la sua liberazione spontaneamente essere ritornato in essilio per non offendere la senatoria autoritade, sanza divina istigazione? **16.** O sacratissimo petto di Catone, chi presummerà di te parlare? Certo maggiormente di te parlare non si può che tacere, e seguire Ieronimo quando nel proemio de la Bibbia, là dove di Paolo tocca, dice che meglio è tacere che poco dire. **17.** Certo e manifesto esser dee, rimembrando la vita di costoro e de li altri divini cittadini, non sanza alcuna luce de la divina bontade, aggiunta sopra la loro buona natura, essere tante mirabili operazioni state; e manifesto esser dee, questi eccellentissimi essere stati strumenti, con li quali procedette la divina provedenza ne lo romano imperio, dove più volte parve esse braccia di Dio essere presenti. **18.** E non puose Iddio le mani proprie a la battaglia dove li Albani con li Romani, dal principio, per lo capo del regno combattero, quando uno solo Romano ne le mani ebbe la franchigia di Roma? Non puose Iddio le mani proprie, quando li Franceschi, tutta Roma presa, prendeano di furto Campidoglio di notte, e solamente la voce d'una oca fé ciò sentire? **19.** E non puose Iddio le mani, quando per la guerra d'Annibale avendo perduti tanti cittadini che tre moggia d'anella in Africa erano portati, li Romani volsero abbandonare la terra, se quel benedetto Scipione giovane non avesse impresa l'andata in Africa per la sua franchezza? E non puose Iddio le mani quando uno nuovo cittadino di picciola condizione, cioè Tullio, contra tanto cittadino quanto era Catellina la romana libertà difese? Certo sì. **20.** Per che più chiedere non si dee, a vedere che spezial nascimento e spezial processo, da Dio pensato e ordinato, fosse quello de la santa cittade. Certo di ferma sono oppinione che le pietre che ne le mura sue stanno siano degne di reverenzia, e lo suolo dov'ella siede sia degno oltre quello che per li uomini è predicato e approvato.

CAPITOLO VI

1. Di sopra, nel terzo capitolo di questo trattato, promesso fue di ragionare de l'altezza de la imperiale autoritade e de la filosofica; e però, ragionato de la imperiale, procedere oltre si conviene la mia digressione, a vedere di quella del Filosofo, secondo la promessione fatta. **2.** E qui è prima da vedere che questo vocabulo vuole dire, però che qui è maggiore mestiere di saperlo che sopra lo ragionamento de la imperiale, la quale per la sua maiestade non pare esser dubitata. **3.** È dunque da sapere che 'autoritade' non è altro che 'atto d'autore'. Questo vocabulo, cioè 'autore', sanza quella terza lettera C, può discendere da due principii: l'uno si è d'uno verbo molto lasciato da l'uso in gramatica, che significa tanto quanto 'legare parole', cioè 'auieo'. E chi ben guarda lui, ne la sua prima voce apertamente vedrà che elli stesso lo dimostra, che solo di legame di parole è fatto, cioè di sole cinque vocali, che sono anima e legame d'ogni parole, e composto d'esse per modo volubile, a figurare imagine di legame. **4.** Ché, cominciando da l'A, ne l'U quindi si rivolve, e viene diritto per I ne l'E, quindi si rivolve e torna ne l'O; sì che veramente imagina questa figura: A, E, I,O, U, la quale è figura di legame. E in quanto 'autore' viene e discende da questo verbo, si prende solo per li poeti, che con l'arte musaica le loro parole hanno legate: e di questa significazione al presente non s'intende. **5.** L'altro principio, onde 'autore' discende, sì come testimonia Uguiccione nel principio de le sue Derivazioni, è uno vocabulo greco che dice 'autentin', che tanto vale in latino quanto 'degno di fede e d'obedienza'. E così, 'autore', quinci derivato, si prende per ogni persona degna d'essere creduta e obedita. E da questo viene questo vocabulo del quale al presente si tratta, cioè 'autoritade'; per che si può vedere che 'autoritade' vale tanto quanto 'atto degno di fede e d'obedienza'. [Onde, avvegna che Aristotile è dignissimo di fede e d'obedienza,] manifesto è che le sue parole sono somma e altissima autoritade. **6.** Che Aristotile sia dignissimo di fede e d'obedienza così provare si può. Intra operarii e artefici di diverse arti e operazioni, ordinate a una operazione od arte finale, l'artefice o vero operatore di quella massimamente dee essere da tutti obedito e creduto, sì come colui che solo considera l'ultimo fine di tutti li altri fini. Onde al cavaliere dee credere lo spadaio, lo frenaio, lo sellaio, lo scudaio, e tutti quelli mestieri che a l'arte di cavalleria sono ordinati. **7.** E però che tutte l'umane operazioni domandano uno fine, cioè quello de l'umana vita, al quale l'uomo è ordinato in quanto elli è uomo, lo maestro e l'artefice che quello ne dimostra e considera, massimamente obedire e credere si dee. Questi è Aristotile: dunque esso è dignissimo di fede e d'obedienza. **8.** E a vedere come Aristotile è maestro e duca de la ragione umana, in quanto intende a la sua finale operazione, si conviene sapere che questo nostro fine, che ciascuno disia naturalmente, antichissimamente fu per li savi cercato. E però che li disideratori di quello sono in tanto numero e li appetiti sono quasi tutti singularmente diversi, avvegna che universalmente siano pur [uno], ma[lag]evole fu molto a scernere quello dove dirittamente ogni umano appetito si riposasse. **9.** Furono dunque filosofi molto antichi, de li quali primo e prencipe fu Zenone, che videro e credettero questo fine de la vita umana essere solamente la rigida onestade; cioè rigidamente, sanza respetto alcuno, la verità e la giustizia seguire, di nulla mostrare dolore, di nulla mostrare allegrezza, di nulla passione avere sentore. **10.** E diffiniro così questo onesto: 'quello che, sanza utilitade e sanza frutto, per sé di ragione è da laudare'. E costoro e la loro setta chiamati furono Stoici, e fu di loro quello glorioso Catone di cui non fui di sopra oso di parlare. **11.** Altri filosofi furono, che videro e credettero altro che costoro, e di questi fu primo e prencipe uno filosofo che fu chiamato Epicuro; ché, veggendo che ciascuno animale, tosto che nato, è quasi da natura dirizzato nel debito fine, che fugge dolore e domanda allegrezza, quelli disse questo nostro fine essere voluptade (non dico 'voluntade', ma scrivola per P), cioè diletto sanza dolore. **12.** E però [che] tra 'l diletto e lo dolore non ponea mezzo alcuno, dicea che 'voluptade' non era altro che 'non dolore', sì come pare Tullio recitare nel primo di Fine di Beni. E di questi, che da Epicuro sono Epicurei nominati, fu Torquato nobile romano, disceso del sangue del glorioso Torquato del quale feci menzione di sopra. **13.** Altri furono, e cominciamento ebbero da Socrate e poi dal suo successore Platone, che agguardando più sottilmente, e veggendo che ne le nostre operazioni si potea peccare e peccavasi nel troppo e nel poco, dissero che la nostra operazione sanza soperchio e sanza difetto, misurata col mezzo per nostra elezione preso, ch'è virtù, era quel fine di che al presente si ragiona; e chiamaronlo 'operazione con virtù'. **14.** E questi furono Academici chiamati, sì come fue Platone e Speusippo suo nepote: chiamati per luogo così dove Plato studiava, cioè Academia; né da Socrate presero vocabulo, però che ne la sua filosofia nulla fu affermato. **15.** Veramente Aristotile, che Stagirite ebbe sopranome, e Zenocrate Calcedonio, suo compagnone, [per lo studio loro], e per lo 'ngegno [eccellente] e quasi divino che la natura in Aristotile messo avea, questo fine conoscendo per lo modo socratico quasi e academico, limaro e a perfezione la filosofia morale redussero, e massimamente Aristotile. E però che Aristotile cominciò a disputare andando in qua e in lae, chiamati furono - lui, dico, e li suoi compagni - Peripatetici, che tanto vale quanto 'deambulatori'. **16.** E però che la perfezione di questa moralitade per Aristotile terminata fue, lo nome de li Academici si spense, e tutti quelli che a questa setta si presero Peripatetici sono chiamati; e tiene questa gente oggi lo reggimento del mondo in dottrina per tutte parti, e puotesi appellare quasi cattolica oppinione. Per che vedere si può, Aristotile essere additatore e conduttore de la gente a questo segno. E questo mostrare si volea. **17.** Per che, tutto ricogliendo, è manifesto lo principale intento, cioè che l'autoritade del filosofo sommo di cui s'intende sia piena di tutto vigore. E non repugna a la imperiale autoritade; ma quella sanza questa è pericolosa, e questa sanza quella è quasi debile, non per sé, ma per la disordinanza de la gente: sì che l'una con l'altra congiunta utilissime e pienissime sono d'ogni vigore. **18.** E però si scrive in quello di Sapienza: "Amate lo lume de la sapienza, voi tutti che siete dinanzi a' populi", cioè a dire: congiungasi la filosofica autoritade con la imperiale, a bene e perfettamente reggere. **19.** Oh miseri che al presente reggete! e oh miserissimi che retti siete! ché nulla filosofica autoritade si congiunge con li vostri reggimenti né per propio studio né per consiglio, sì che a tutti si può dire quella parola de lo Ecclesiaste: "Guai a te, terra, lo cui re è fanciullo, e li cui principi la domane mangiano!"; e a nulla terra si può dire quella che seguita: "Beata la terra lo cui re è nobile e li cui principi si cibano nel suo tempo, a bisogno e non a lussuria!". **20.** Ponetevi mente, nemici di Dio, a' fianchi, voi che le verghe de' reggimenti d'Italia prese avete - e dico a voi, Carlo e Federigo regi, e a voi altri principi e tiranni -; e guardate chi a lato vi siede per consiglio, e annumerate quante volte lo die questo fine de l'umana vita per li vostri consiglieri v'è additato! Meglio sarebbe a voi come rondine volare basso, che come nibbio altissime rote fare sopra le cose vilissime.

CAPITOLO VII

1. Poi che veduto è quanto è da reverire l'autoritade imperiale e la filosofica, che paiono aiutare le proposte oppinioni, è da ritornare al diritto calle de lo inteso processo. **2.** Dico dunque che questa ultima oppinione del vulgo è tanto durata, che sanza altro respetto, sanza inquisizione d'alcuna ragione, gentile è chiamato ciascuno che figlio sia o nepote d'alcuno valente uomo, tutto che esso sia da niente. E questo è quello che dice: *Ed è tanto durata La così falsa oppinion tra nui, Che l'uom chiama colui Omo gentil che può dicere: 'Io fui Nepote, o figlio, di cotal valente': Benché sia da niente.* **3.** Per che è da notare che pericolosissima negligenza è lasciare la mala oppinione prendere piede; che così come l'erba multiplica nel campo non cultato, e sormonta, e cuopre la spiga del frumento sì che, disparte agguardando, lo frumento non pare, e perdesi lo frutto finalmente; così la mala oppinione ne la mente, non gastigata e corretta, sì cresce e multiplica sì che le spighe de la ragione, cioè la vera oppinione, si nasconde e quasi sepulta si perde. **4.** Oh com'è grande la mia impresa in questa canzone, a volere omai così trifoglioso campo sarchiare, come quello de la comune sentenza, sì lungamente da questa cultura abbandonato! Certo non del tutto questo mondare intendo, ma solo in quelle parti dove le spighe de la ragione non sono del tutto sorprese: cioè coloro dirizzare intendo ne' quali alcuno lumetto di ragione per buona loro natura vive ancora, ché de li altri tanto è da curare quanto di bruti animali; però che non minore maraviglia mi sembra reducere a ragione [colui in cui è ragione] del tutto spenta, che reducere in vita colui che quattro dì è stato nel sepulcro. **5.** Poi che la mala condizione di questa populare oppinione è narrata, subitamente, quasi come cosa orribile, quella percuot[o] fuori di tutto l'ordine de la riprovagione, dicendo: *Ma vilissimo sembra, a chi 'l ver guata,* a dare a intendere la sua intollerabile malizia, dicendo costoro mentire massimamente; però che non solamente colui è vile, cioè non gentile, che disceso di buoni è malvagio, ma eziandio è vilissimo: e pongo essemplo del cammino mostrato. **6.** Dove, a ciò mostrare, far mi conviene una questione, e rispondere a quella, in questo modo. Una pianura è con certi sentieri: campo con siepi, con fossati, con pietre, con legname, con tutti quasi impedimenti, fuori de li suoi stretti sentieri. Nevato è sì, che tutto cuopre la neve e rende una figura in ogni parte, sì che d'alcuno sentiero vestigio non si vede. **7.** Viene alcuno da l'una parte de la campagna e vuole andare a una magione che è da l'altra parte; e per sua industria, cioè per accorgimento, e per bontade d'ingegno, solo da sé guidato, per lo diritto cammino si va là dove intende, lasciando le vestigie de li suoi passi diretro da sé. Viene un altro appresso costui, e vuole a questa magione andare, e non li è mestiere se non seguire li vestigi lasciati; e, per suo difetto, lo cammino, che altri sanza scorta ha saputo tenere, questo scorto erra, e tortisce per li pruni e per le ruine, e a la parte dove dee non va. **8.** Quale di costoro si dee dicere valente? Rispondo: quegli che andò dinanzi. Questo altro come si chiamerà? Rispondo: vilissimo. Perché non si chiama non valente, cioè vile? Rispondo: perché non valente, cioè vile, sarebbe da chiamare colui che, non avendo alcuna scorta, non fosse ben camminato; ma però che questi l'ebbe, lo suo errore e lo suo difetto non può salire, e però è da dire non vile, ma vilissimo. **9.** E così quelli che dal padre o d'alcuno suo maggiore [è stato scorto e errato ha 'l cammino], non solamente è vile, ma vilissimo, e degno d'ogni dispetto e vituperio più che altro villano. E perché l'uomo da questa infima viltade si guardi, comanda Salomone a colui che 'l valente antecessore hae avuto, nel vigesimo secondo capitolo de li Proverbi: "Non trapasserai li termini antichi che puosero li padri tuoi"; e dinanzi dice, nel quarto capitolo del detto libro: "La via de' giusti", cioè de' valenti, "quasi luce splendiente procede, e quella de li malvagi è oscura. Elli non sanno dove rovinano". **10.** Ultimamente, quando si dice: *E tocca a tal, ch'è morto e va per terra*, a maggiore detrimento dico questo cotale vilissimo essere morto, parendo vivo. Onde è da sapere che veramente morto lo malvagio uomo dire si puote, e massimamente quelli che da la via del buono suo antecessore si parte. **11.** E ciò si può così mostrare. Sì come dice Aristotile nel secondo de l'Anima, "vivere è l'essere de li viventi"; e per ciò che vivere è per molti modi (sì come ne le piante vegetare, ne li animali vegetare e sentire e muovere, ne li uomini vegetare, sentire, muovere e ragionare, o vero intelligere), e le cose si deono denominare da la più nobile parte, manifesto è che vivere ne li animali è sentire - animali, dico, bruti -, vivere ne l'uomo è ragione usare. **12.** Dunque, se 'l vivere è l'essere de l'uomo, e così da quello uso partire è partire da essere, e così è essere morto. E non si parte da l'uso del ragionare chi non ragiona lo fine de la sua vita? e non si parte da l'uso de la ragione chi non ragiona il cammino che fare dee? Certo si parte; e ciò si manifesta massimamente con colui che ha le vestigie innanzi, e non le mira. **13.** E però dice Salomone nel quinto capitolo de li Proverbi: "Quelli muore che non ebbe disciplina, e ne la moltitudine de la sua stoltezza sarà ingannato". Ciò è a dire: Colui è morto che non si fé discepolo, che non segue lo maestro; e questo vilissimo è quello. **14.** Potrebbe alcuno dicere: Come? è morto e va? Rispondo che è morto [uomo] e rimasto bestia. Ché, sì come dice lo Filosofo nel secondo de l'Anima, le potenze de l'anima stanno sopra sé come la figura de lo quadrangulo sta sopra lo triangulo, e lo pentangulo, cioè la figura che ha cinque canti, sta sopra lo quadrangulo: e così la sensitiva sta sopra la vegetativa, e la intellettiva sta sopra la sensitiva. **15.** Dunque, come levando l'ultimo canto del pentangulo rimane quadrangulo e non più pentangulo, così levando l'ultima potenza de l'anima, cioè la ragione, non rimane più uomo, ma cosa con anima sensitiva solamente, cioè animale bruto. E questa è la sentenza del secondo verso de la canzone impresa, nel quale si pongono l'altrui oppinioni.

CAPITOLO VIII

1. Lo più bello ramo che de la radice razionale consurga si è la discrezione. Ché, sì come dice Tommaso sopra lo prologo de l'Etica, "conoscere l'ordine d'una cosa ad altra è proprio atto di ragione", e è questa discrezione. Uno de' più belli e dolci frutti di questo ramo è la reverenza che dee lo minore a lo maggiore. **2.** Onde Tullio, nel primo de li Offici, parlando de la bellezza che in su l'onestade risplende, dice la reverenza essere di quella; e così come questa è bellezza d'onestade, così lo suo contrario è turpezza e menomanza de l'onesto, lo quale contrario inreverenzia, o vero tracotanza dicere in nostro volgare si può. **3.** E però esso Tullio nel medesimo luogo dice: "Mettere a negghienza di sapere quello che li altri sentono di lui, non solamente è di persona arrogante, ma dissoluta"; che non vuole altro dire, se non che arroganza e dissoluzione è sé medesimo non conoscere, ché [sé medesimo conoscere] principio è ed è la misura d'ogni reverenza. **4.** Per che io volendo, con tutta reverenza e a lo Principe e al Filosofo portando, la malizia d'alquanti de la mente levare, per fondarvi poi suso la luce de la veritade, prima che a riprovare le proposte oppinioni proceda, mostrerò come, quelle riprovando, né contra l'imperiale maiestade né contra lo Filosofo si ragiona inreverentemente. **5.** Ché se in alcuna parte di tutto questo libro inreverente mi mostrasse, non sarebbe tanto laido quanto in questo trattato; nel quale, di nobilitade trattando, me nobile e non villano deggio mostrare. E prima mostrerò me non presummere [contra l'autorità del Filosofo; poi mostrerò me non presummere] contra la maiestade imperiale. **6.** Dico adunque che quando lo Filosofo dice: "Quello che pare a li più, impossibile è del tutto essere falso", non intende dicere del parere di fuori, cioè sensuale, ma di quello dentro, cioè razionale; con ciò sia cosa che 'l sensuale parere, secondo la più gente, sia molte volte falsissimo, massimamente ne li sensibili comuni, là dove lo senso spesse volte è ingannato. **7.** Onde sapemo che a la più gente lo sole pare di larghezza nel diametro d'un piede, e sì è ciò falsissimo. Ché, secondo lo cercamento e la invenzione che ha fatto l'umana ragione con l'altre sue arti, lo diametro del corpo del sole è cinque volte quanto quello de la terra, e anche una mezza volta; [onde], con ciò sia cosa che la terra per lo diametro suo sia semilia cinquecento miglia, lo diametro del sole, che a la sensuale apparanza appare di quantità d'un piede, è trentacinque milia cinquanta miglia. **8.** Per che manifesto è Aristotile non avere inteso de la sensuale apparanza; e però, se io intendo solo a la sensuale apparanza riprovare, non faccio contra la intenzione del Filosofo, e però ne la riverenza che a lui si dee non offendo. E che io sensuale apparenza intenda riprovare è manifesto. **9.** Ché costoro, che così giudicano, non giudicano se non per quello che sentono di queste cose che la fortuna può dare e torre; ché perché veggiono fare le parentele ne li alti matrimonii, li edifici mirabili, le possessioni larghe, le signorie grandi, credono quelle essere cagioni di nobilitade, anzi essa nobilitade credono quelle essere. Che s'elli giudicassero con l'apparenza razionale, dicerebbero lo contrario, cioè la nobilitade essere cagione di questo, sì come di sotto in questo trattato si vedrà. **10.** E come io, secondo che vedere si può, contra la reverenza del Filosofo non parlo, ciò riprovando, così non parlo contra la reverenza de lo Imperio: e la ragione mostrare intendo. Ma però che, dinanzi da l'avversario se ragiona, lo rettorico dee molta cautela usare nel suo sermone, acciò che l'avversario quindi non prenda materia di turbare la veritade, io, che al volto di tanti avversarii parlo in questo trattato, non posso [lieve]mente parlare; onde se le mie digressioni sono lunghe, nullo si maravigli. **11.** Dico adunque che, a mostrare me non essere inreverente a la maiestade de lo Imperio, prima è da vedere che è 'reverenza'. Dico che reverenza non è altro che confessione di debita subiezione per manifesto segno. E veduto questo, da distinguere è intra loro 'inreverente' [e 'non reverente'. Lo inreverente] dice privazione, lo non reverente dice negazione. E però la inreverenza è disconfessare la debita subiezione, per manifesto segno, dico, e la non reverenza è negare la debita subiezione. **12.** Puote l'uomo disdicere la cosa doppiamente: per uno modo puote l'uomo disdicere offendendo a la veritade, quando de la debita confessione si priva, e questo propriamente è 'disconfessare'; per un altro modo puote l'uomo disdicere non offendendo a la veritade, quando quello che non è non si confessa, e questo è proprio 'negare': sì come disdicere l'uomo sé essere del tutto mortale, è negare, propriamente parlando. **13.** Per che se io niego la reverenza de lo Imperio, non sono inreverente, ma sono non reverente: che non è contro a la reverenza, con ciò sia cosa che quella non offenda; sì come lo non vivere non offende la vita, ma offende quella la morte, che è di quella privazione. Onde altro è morte e altro è non vivere; che non vivere è ne le pietre. **14.** E però che morte dice privazione, che non può essere se non nel subietto de l'abito, e le pietre non sono subietto di vita, per che non 'morte', ma 'non vivere' dicere si deono; similemente io, che in questo caso a lo Imperio reverenza avere non debbo, se la disdico, inreverente non sono, ma sono non reverente, che non è tracotanza né cosa da biasimare. **15.** Ma tracotanza sarebbe l'essere reverente (se reverenza si potesse dicere), però che in maggiore e in vera inreverenza si cadrebbe, cioè de la natura e de la veritade, sì come di sotto si vedrà. E da questo fallo si guardò quello maestro de li filosofi, Aristotile, nel principio de l'Etica quando dice: "Se due sono li amici, e l'uno è la verità, a la verità è da consentire". **16.** Veramente, perché detto ho ch'i' sono non reverente, che è la reverenza negare, cioè negare la debita subiezione per manifesto segno, da vedere è come questo è negare e non disconfessare, cioè da vedere come, in questo caso, io non sia debitamente a la imperiale maiestà subietto. E perché lunga conviene essere la ragione, per proprio capitolo immediatamente intendo ciò mostrare.

CAPITOLO IX

1. A vedere come in questo caso, cioè in riprovando o in approvando l'oppinione de lo Imperadore, a lui non sono tenuto a subiezione, reducere a la mente si conviene quello che de lo imperiale officio di sopra, nel quarto capitolo di questo trattato, è ragionato, cioè che a perfezione de l'umana vita la imperiale autoritade fu trovata, e che ella è regolatrice e rettrice di tutte le nostre operazioni, giustamente; ché per tanto oltre quanto le nostre operazioni si stendono tanto la maiestade imperiale ha giurisdizione, e fuori di quelli termini non si sciampia. **2.** Ma sì come ciascuna arte e officio umano da lo imperiale è a certi termini limitato, così questo da Dio a certo termine è finito: e non è da maravigliare, ché l'officio e l'arte de la natura finito in tutte sue operazioni vedemo. Che se prendere volemo la natura universale di tutto, tanto ha giurisdizione quanto tutto lo mondo, dico lo cielo e la terra, si stende; e questo è a certo termine, sì come per lo terzo de la Fisica e per lo primo De Celo et Mundo è provato. **3.** Dunque la giurisdizione de la natura universale è a certo termine finita - e per consequente la parziale -; e anche di costei è limitatore colui che da nulla è limitato, cioè la prima bontade, che è Dio, che solo con la infinita capacitade infinito comprende. **4.** E a vedere li termini de le nostre operazioni, è da sapere che solo quelle sono nostre operazioni che subiaccio a la ragione e a la volontade; che se in noi è l'operazione digestiva, questa non è umana ma naturale. **5.** Ed è da sapere che la nostra ragione a quattro maniere d'operazioni, diversamente da considerare, è ordinata: ché operazioni sono che ella solamente considera, e non fa né può fare alcuna di quelle, sì come sono le cose naturali e le soprannaturali e le matematice; e operazioni che essa considera e fa nel proprio atto suo, le quali si chiamano razionali, sì come sono arti di parlare; e operazioni sono che ella considera e fa in materia di fuori di sé, sì come sono arti meccanice. **6.**

111

E queste tutte operazioni, avvegna che 'l considerare loro subiaccia a la nostra volontade, elle per loro a nostra volontade non subiaccino: ché, perché noi volessimo che le cose gravi salissero per natura suso, e perché noi volessimo che 'l silogismo con falsi principii conchiudesse veritade dimostrando, e perché noi volessimo che la casa sedesse così forte pendente come diritta, non sarebbe; però che di queste operazioni non fattori propriamente, ma li trovatori semo. Altri l'ordinò e fece maggior fattore. **7.** Sono anche operazioni che la nostra [ragione] considera ne l'atto de la volontade, sì come offendere e giovare, sì come star fermo e fuggire a la battaglia, sì come stare casto e lussuriare, e queste del tutto soggiacciono a la nostra volontade; e però semo detti da loro buoni e rei, perch'elle sono proprie nostre del tutto, perché, quanto la nostra volontade ottenere puote, tanto le nostre operazioni si stendono. **8.** E con ciò sia cosa che in tutte queste volontarie operazioni sia equitade alcuna da conservare e iniquitade da fuggire (la quale equitade per due cagioni si può perdere, o per non sapere quale essa si sia o per non volere quella seguitare), trovata fu la ragione scritta, e per mostrarla e per comandarla. Onde dice Augustino: "Se questa - cioè equitade - li uomini la conoscessero, e conosciuta servassero, la ragione scritta non sarebbe mestiere"; e però è scritto nel principio del Vecchio Digesto: "La ragione scritta è arte di bene e d'equitade". **9.** A questa scrivere, mostrare e comandare, è questo officiale posto di cui si parla, cioè lo Imperadore, al quale tanto quanto le nostre operazioni proprie, che dette sono, si stendono, siamo subietti; e più oltre no. **10.** Per questa ragione, in ciascuna arte e in ciascuno mestiere li artefici e li discenti sono, ed esser deono, subietti al prencipe e al maestro di quelle, in quelli mestieri ed in quella arte; e fuori di quello la subiezione pere, però che pere lo principato. Sì che quasi dire si può de lo Imperadore, volendo lo suo officio figurare con una imagine, che elli sia lo cavalcatore de la umana volontade. Lo quale cavallo come vada sanza lo cavalcatore per lo campo assai è manifesto, e spezialmente ne la misera Italia, che sanza mezzo alcuno a la sua governazione è rimasa! **11.** E da considerare è che quanto la cosa è più propia de l'arte o del maestro, tanto è maggiore in quella la subiezione; ché, multiplicata la cagione, multiplica l'effetto. Onde è da sapere che cose sono che sono sì pure arti, che la natura è instrumento de l'arte: sì come vogare con remo, dove l'arte fa suo instrumento de la impulsione, che è naturale moto; sì come nel trebbiare lo frumento, che l'arte fa suo instrumento del caldo, che è natural qualitade. E in queste massimamente a lo prencipe e maestro de l'arte esser si dee subietto. **12.** E cose sono dove l'arte è instrumento de la natura, e queste sono meno arti, e in esse sono meno subietti li artefici a loro prencipe: sì com'è dare lo seme a la terra (qui si vuole attendere la volontà de la natura), sì come è uscire di porto (qui si vuole attendere la naturale disposizione del tempo). E però vedemo in queste cose spesse volte contenzione tra li artefici, e domandare consiglio lo maggiore al minore. **13.** Altre cose sono che non sono de l'arte, e paiono avere con quella alcuna parentela, e quinci sono li uomini molte volte ingannati; e in queste li discenti a lo artefice, o vero maestro, subietti non sono, né credere a lui sono tenuti quanto è per l'arte: sì come pescare pare aver parentela col navicare, e conoscere la vertù de l'erbe pare aver parentela con l'agricultura; che non hanno insieme alcuna regola, con ciò sia cosa che 'l pescare sia sotto l'arte de la venagione e sotto suo comandare, e lo conoscere la vertù de l'erbe sia sotto la medicina o vero sotto più nobile dottrina. **14.** Queste cose simigliantemente che de l'altre arti sono ragionate, vedere si possono ne l'arte imperiale; ché regole sono in quella che sono pure arti, sì come sono le leggi de' matrimonii, de li servi, de le milizie, de li successori in dignitade, e di queste in tutto siamo a lo Imperadore subietti, sanza dubbio e sospetto alcuno. **15.** Altre leggi sono che sono quasi seguitatrici di natura, sì come constituire l'uomo d'etade sofficiente a ministrare, e di queste non semo in tutto subietti. Altre molte sono, che paiono avere alcuna parentela con l'arte imperiale - e qui fu ingannato ed è chi crede che la sentenza imperiale sia in questa parte autentica -: sì come [diffinire] giovinezza e gentilezza, sovra le quali nullo imperiale giudicio è da consentire, in quanto elli è imperadore: però, quello che è di Dio sia renduto a Dio. **16.** Onde non è da credere né da consentire a Nerone imperadore, che disse che giovinezza era bellezza e fortezza del corpo, ma a colui che dicesse che giovinezza è colmo de la naturale vita, che sarebbe filosofo. E però è manifesto che diffinire di gentilezza non è de l'arte imperiale; e se non è de l'arte, trattando di quella a lui non siamo subietti; e se non [siamo] subietti, reverire lui in ciò non siamo tenuti: e questo è quello [che cerc]ando s'andava. **17.** Per che omai con tutta licenza e con tutta franchezza d'animo è da ferire nel petto a le usate oppinioni, quelle per terra versando, acciò che la verace, per questa mia vittoria, tegna lo campo de la mente di coloro per c[ui g]iova questa luce avere vigore.

CAPITOLO X

1. Poi che poste sono l'altrui oppinioni di nobilitade e mostrato è quelle riprovare a me esser licito, verrò a quella parte ragionare che ciò ripruova; che comincia, sì come detto è di sopra: *Chi diffinisce: 'Omo è* *legno animato'*. E però è da sapere che l'oppinione de lo Imperadore - avvegna che *con difetto* quella ponga - ne l'una particula, cioè là dove disse *belli costumi*, toccò de li costumi di nobilitade, e però in quella parte riprovare non s'intende. **2.** L'altra particula, che di natura di nobilitade è del tutto diversa, s'intende riprovare; la quale due cose pare dicere quando dice *antica ricchezza*, cioè tempo e divizie, le quali a nobilitade sono del tutto diverse, come detto è e come di sotto si mostrerà. E però riprovando si fanno due parti: prima si ripruovano le divizie, e poi si ripruova lo tempo essere cagione di nobilitade. La seconda parte comincia: *Né voglion che vil uom gentil divegna.* **3.** E da sapere è che, riprovate le divizie, è riprovata non solamente l'oppinione de lo Imperadore in quella parte che le divizie tocca, ma eziandio quella del vulgo interamente, che solo ne le divizie si fondava. La prima parte in due si divide: che ne la prima generalmente si dice lo 'mperadore essere stato erroneo ne la diffinizione di nobilitade; secondamente si mostra ragione perché. E comincia questa seconda parte: *Ché le divizie, sì come si crede.* **4.** Dico adunque, *Chi diffinisce: 'Omo è legno animato'*, che *prima dice non vero*, cioè falso, in quanto dice 'legno'; e poi *parla non intero*, cioè con difetto, in quanto dice 'animato', non dicendo 'razionale', che è differenza per la quale uomo da la bestia si parte. **5.** Poi dico che per questo modo fu erroneo in diffinire quelli che *tenne impero*: non dicendo 'imperadore', ma 'quelli che tenne imperio', a mostrare (come detto è di sopra) questa cosa determinare essere fuori d'imperiale officio. Poi dico similemente lui errare, che puose de la nobilitade falso subietto cioè 'antica ricchezza', e poi procede[tt]e a 'defettiva forma', o vero differenza, cioè 'belli costumi', che non comprendono ogni formalitade di nobilitade, ma molto picciola parte, sì come di sotto si mostrerà. **6.** E non è da lasciare, tutto che 'l testo si taccia, che messere lo Imperadore in questa parte non errò pur ne le parti de la diffinizione, ma eziandio nel modo di diffinire, avvegna che, secondo la fama che di lui grida, elli fosse loico e clerico grande: ché la diffinizione de la nobilitade più degnamente si farebbe da li effetti che da' principii, con ciò sia cosa che essa paia avere ragione di principio, che non si può notificare per cose prime, ma per posteriori. **7.** Poi quando dico: *Ché le divizie, sì come si crede*, mostro come elle non possono causare nobilitade, perché sono vili; e mostro quelle non poterla torre, perché son disgiunte molto da nobilitade. E pruovo quelle essere vili per uno loro massimo e manifestissimo difetto; e questo fo quando dico: *Che siano vili appare.* **8.** Ultimamente conchiudo, per virtù di quello che detto è di sopra, l'animo diritto non mutarsi per loro transmutazione; che è pruova di quello che detto è di sopra, quelle essere da nobilitade disgiunte, per non seguire l'effetto de la congiunzione. Ove è da sapere che, sì come vuole lo Filosofo, tutte le cose che fanno alcuna cosa, conviene essere prima quelle perfettamente in quello essere; onde dice nel settimo de la Metafisica: "Quando una cosa si genera da un'altra, generasi di quella, essendo in quello essere". **9.** Ancora è da sapere che ogni cosa che si corrompe, sì si corrompe, precedente alcuna alterazione, e ogni cosa che è alterata conviene essere congiunta con l'alterazione, sì come vuole lo Filosofo nel settimo de la Fisica e nel primo De Generatione. Queste cose proposte, così procedo e dico, che le divizie, come altri credea, non possono dare nobilitade; e a mostrare maggiore diversitade avere con quella, dico che non la possono torre a chi l'ha. **10.** Dare non la possono, con ciò sia cosa che naturalmente siano vili, e per la viltade siano contrarie a la nobilitade. E qui s'intende viltade per degenerazione, la quale a la nobilitade s'oppone; con ciò sia cosa che l'uno contrario non sia fattore de l'altro né possa essere, per la prenarrata cagione la quale brevemente s'aggiugne al testo, dicendo: *Poi chi pinge figura [Se non può esser lei, non la può porre].* **11.** Onde nullo dipintore potrebbe porre alcuna figura, se intenzionalmente non si facesse prima tale quale la figura essere dee. Ancora torre non la possono, però che da lungi sono di nobilitade, e, per la ragione prenarrata, chi altera o corrompe alcuna cosa convegna essere congiunto con quella. **12.** E però soggiugne: *Né la diritta torre Fa piegar rivo che da lungi corre*; che non vuole altro dire, se non rispondere a ciò che detto è dinanzi, che le divizie non possono torre nobilitade, dicendo quasi quella nobilitade essere torre diritta, e le divizie fiume da lungi corrente.

CAPITOLO XI

1. Resta omai solamente a provare come le divizie sono vili, e come disgiunte sono e lontane da nobilitade; e ciò si pruova in due particulette del testo, a le quali si conviene al presente intendere. E poi quelle esposte, sarà manifesto ciò che detto ho, cioè le divizie essere vili e lontane da nobilitade; e per questo saranno le ragioni di sopra contra le divizie perfettamente provate. **2.** Dico adunque: *Che siano vili appare ed imperfette.* E a manifestare ciò che dire s'intende, è da sapere che la viltade di ciascuna cosa da la imperfezione di quella si prende, e così la nobilitade da la perfezione: onde tanto quanto la cosa è perfetta, tanto è in sua natura nobile; quanto imperfetta, tanto vile. E però se le divizie sono imperfette, manifesto è che siano vili. **3.** E che elle siano imperfette, brievemente pruova lo testo quando dice: *Ché, quantunque collette, Non posson quietar, ma dan più cura*; in che non solamente la loro imperfezione è manifesta, ma la loro condizione essere imperfettissima, e però essere quelle vilissime. E ciò testimonia Lucano, quando dice, a quelle parlando: "Sanza contenzione periro le leggi; e voi ricchezze, vilissima parte de le cose, moveste battaglia". **4.** Puotesi brevemente la loro imperfezione in tre cose vedere apertamente: e prima, ne lo indiscreto loro avvenimento; secondamente, nel pericoloso loro accrescimento; terziamente, ne la dannosa loro possessione. E prima ch'io ciò dimostri, è da dichiarare un dubbio che pare consurgere: che, con ciò sia cosa che l'oro, le margherite e li campi perfettamente forma e atto abbiano in loro essere, non pare vero dicere che siano imperfette. **5.** E però si vuole sapere che, quanto è per esse in loro considerate, cose perfette sono, e non sono ricchezze, ma oro e margherite; ma in quanto sono ordinate a la possessione de l'uomo, sono ricchezze, e per questo modo sono piene d'imperfezione. Ché non è inconveniente una cosa, secondo diversi rispetti, essere perfetta e imperfetta. **6.** Dico che la loro imperfezione primamente si può notare ne la indiscrezione del loro avvenimento, nel quale nulla distributiva giustizia risplende, ma tutta iniquitade quasi sempre, la quale iniquitade è proprio effetto d'imperfezione. **7.** Che se si considerano li modi per li quali esse vegnono, tutti si possono in tre maniere ricogliere: ché o vengono da pura fortuna, sì come quando sanza intenzione o speranza vegnono per invenzione alcuna non pensata; o vengono da fortuna che è da ragione aiutata, sì come per testamenti o per mutua successione; o vegnono da fortuna aiutatrice di ragione, sì come quando per licito o per illicito procaccio: licito dico, quando è per arte o per mercatantia o per servigio meritante; illicito dico, quando è per furto o per rapina. **8.** E in ciascuno di questi tre modi si vede quella iniquitade che io dico, ché più volte a li malvagi che a li buoni le celate ricchezze che si truovano o che si ritruovano si rappresentano; e questo è sì manifesto, che non ha mestiere di pruova. Veramente io vidi lo luogo, ne le coste d'un monte che si chiama Falterona, in Toscana, dove lo più vile villano di tutta la contrada, zappando, più d'uno staio di santalene d'argento finissimo vi trovò, che forse più di dumila anni l'aveano aspettato. **9.** E per vedere questa iniquitade, disse Aristotile che "quanto l'uomo più subiace a lo 'ntelletto, tanto meno subiace a la fortuna". E dico che più volte a li malvagi che a li buoni pervengono li retaggi, legati e caduti; e di ciò non voglio recare innanzi alcuna testimonianza, ma ciascuno volga li occhi per la sua vicinanza, e vedrà quello che io mi taccio per non abominare alcuno. **10.** Così fosse piaciuto a Dio che quello che addomandò lo Provenzale fosse stato, che chi non è reda de la bontade perdesse lo retaggio de l'avere! E dico che più volte a li malvagi, che a li buoni, pervengono a punto li procacci; ché li non liciti a li buoni mai non pervegnono, però che li rifiutano. **11.** E quale buono uomo mai per forza o per fraude procaccerà? Impossibile sarebbe ciò, ché solo per la elezione de la illicita impresa più buono non sarebbe. E li liciti rade volte pervegnono a li buoni, perché, con ciò sia cosa che molta sollicitudine quivi si richeggia, e la sollicitudine del buono sia diritta a maggiori cose, rade volte sofficientemente quivi lo buono è sollicito. **12.** Per che è manifesto in ciascuno modo quelle ricchezze iniquamente avvenire; e però Nostro Segnore inique le chiamò, quando disse: "Fatevi amici de la pecunia de la iniquitade", invitando e confortando li uomini a liberalitade di benefici, che sono generatori d'amici. **13.** E quanto fa bello cambio chi di queste imperfettissime cose dà, per avere e per acquistare cose perfette, sì come li cuori de' valenti uomini! Lo cambio ogni die si può fare. Certo nuova mercatantia è questa de l'altre, che, credendo comperare uno uomo per lo beneficio, mille e mille ne sono comperati. **14.** E cui non è ancora nel cuore Alessandro per li suoi reali benefici? Cui non è ancora lo buono re di Castella, o il Saladino, o il buono Marchese di Monferrato, o il buono Conte di Tolosa, o Beltramo dal Bornio, o Galasso di Montefeltro? Quando de le loro messioni si fa menzione, certo non solamente quelli che ciò farebbero volentieri, ma quelli prima morire vorrebbero che ciò fare, amore hanno a la memoria di costoro.

CAPITOLO XII

1. Come detto è, la imperfezione de le ricchezze non solamente nel loro avvenimento si può comprendere, ma eziandio nel pericoloso loro accrescimento; e però che in ciò più si può vedere di loro difetto, solo di questo fa menzione lo testo, dicendo quelle, *quantunque collette*, non solamente non quietare, ma dare più sete e rendere altri più defettivo e insufficiente. **2.** E qui si vuole sapere che le cose defettive possono aver li loro difetti per modo che ne la prima faccia non paiono, ma sotto pretesto di perfezione la imperfezione si nasconde; e possono avere quelli sì, che del tutto sono discoperti, sì che apertamente ne la prima faccia si conosce la imperfezione. **3.** E quelle cose che prima non mostrano li loro difetti sono più pericolose, però che di loro molte fiate prendere guardia non si può; sì come vedemo nel traditore, che ne la faccia dinanzi si mostra amico, sì che fa di sé fede avere, e sotto pretesto d'amistade chiude lo difetto de la inimistade. E per questo modo le ricchezze pericolosamente nel loro accrescimento sono imperfette, che, sommettendo ciò che promettono, apportano lo contrario. **4.** Promettono le false traditrici sempre, in certo numero adunate, rendere lo raunatore pieno d'ogni appagamento; e con questa promissione conducono l'umana volontade in vizio d'avarizia. E per questo le chiama Boezio, in quello De Consolatione, pericolose, dicendo: "Ohmè! chi fu quel primo che li pesi de l'oro coperto, e le pietre che si voleano ascondere, preziosi pericoli, cavoe?". **5.** Promettono le false traditrici, se bene si guarda, di torre ogni sete e ogni mancanza, e apportare ogni saziamento e bastanza; e questo fanno nel principio a ciascuno uomo, questa promissione in certa quantità di loro accrescimento affermando: e poi che quivi sono adunate, in loco di saziamento e di refrigerio danno e recano sete di casso febricante intollerabile; e in loco di bastanza recano nuovo termine, cioè maggiore quantitade a desiderio, e, con questa, paura grande e sollicitudine sopra l'acquisto. Sì che veramente non quietano, ma più danno cura, la qual prima sanza loro non si avea. **6.** E però dice Tullio in quello De Paradoxo, abominando le ricchezze: "Io in nullo tempo per fermo né le pecunie di costoro, né le magioni magnifiche, né le ricchezze, né le signorie, né l'allegrezze de le quali massimamente sono astretti, tra cose buone o desiderabili esser dissi; con ciò sia cosa che certo io vedesse li uomini ne l'abondanza di queste cose massimamente desiderare quelle di che abondano. Però che in nullo tempo si compie né si sazia la sete de la cupiditate; né solamente per desiderio d'accrescere quelle cose che hanno si tormentano, ma eziandio tormento hanno ne la paura di perdere quelle". **7.** E queste tutte parole sono di Tullio, e così giacciono in quello libro che detto è. E a maggiore testimonianza di questa imperfezione, ecco Boezio in quello De Consolatione dicente: "Se quanta rena volve lo mare turbato dal vento, se quante stelle riluccono, la dea de la ricchezza largisca, l'umana generazione non cesserà di piangere". **8.** E perché più testimonianza, a ciò ridurre per pruova, si conviene, lascisi stare quanto contra esse Salomone e suo padre grida; quanto contra esse Seneca, massimamente a Lucillo scrivendo; quanto Orazio, quanto Iuvenale e, brievemente, quanto ogni scrittore, ogni poeta; e quanto la verace Scrittura divina chiama contra queste false meretrici, piene di tutti defetti; e pongasi mente, per avere oculata fede, pur a la vita di coloro che dietro a esse vanno, come vivono sicuri quando di quelle hanno raunate, come s'appagano, come si riposano. **9.** E che altro cotidianamente pericola e uccide le cittadi, le contrade, le singulari persone, tanto quanto lo nuovo raunamento d'avere appo alcuno? Lo quale raunamento nuovi desiderii discuopre, a lo fine de li quali sanza ingiuria d'alcuno venire non si può. E che altro intende di meditare l'una e l'altra Ragione, Canonica dico e Civile, tanto quanto a riparare a la cupiditade che, raunando ricchezze, cresce? **10.** Certo assai lo manifesta e l'una e l'altra Ragione, se li loro cominciamenti, dico de la loro scrittura, si leggono. Oh com'è manifesto, anzi manifestissimo, quelle in accrescendo essere del tutto imperfette, quando di loro altro che imperfezione nascere non può, quanto che accolte siano! E questo è quello che lo testo dice. **11.** Veramente qui surge in dubbio una questione, da non trapassare sanza farla e rispondere a quella. Potrebbe dire alcuno calunniatore de la veritade che se, per crescere desiderio acquistando, le ricchezze sono imperfette e però vili, che per questa ragione sia imperfetta e vile la scienza, ne l'acquisto de la quale sempre cresce lo desiderio di quella: onde Seneca dice: "Se l'uno de li piedi avesse nel sepulcro, apprendere vorrei". **12.** Ma non è vero che la scienza sia vile per imperfezione: dunque, per la distruzione del consequente, lo crescere desiderio non è cagione di viltade a le ricchezze. Che sia perfetta, è manifesto per lo Filosofo nel sesto de l'Etica, che dice la scienza essere perfetta ragione di certe cose. **13.** A questa questione brievemente è da rispondere; ma prima è da vedere se ne l'acquisto de la scienza lo desiderio si sciampia come ne la questione si pone, e se sia per ragione. Per che io dico che non solamente ne l'acquisto de la scienza e de le ricchezze, ma in ciascuno acquisto l'umano desiderio si sciampia, avvegna che per altro e altro modo. **14.** E la ragione è questa: che lo sommo desiderio di ciascuna cosa, e prima da la natura dato, è lo ritornare a lo suo principio. E però che Dio è principio de le nostre anime e fattore di quelle simili a sé (sì come è scritto: "Facciamo l'uomo ad imagine e similitudine nostra"), essa anima massimamente desidera di tornare a quello. **15.** E sì come peregrino che va per una via per la quale mai non fue, che ogni casa che da lungi vede crede che sia l'albergo, e non trovando ciò essere, dirizza la credenza a l'altra, e così di casa in casa, tanto che a l'albergo viene; così l'anima nostra, incontanente che nel nuovo e mai non fatto cammino di questa vita entra, dirizza li occhi al termine del suo sommo bene, e però, qualunque cosa vede che paia in sé avere alcuno bene, crede che sia esso. **16.** E perché la sua conoscenza prima è imperfetta, per non essere esperta né dottrinata, piccioli beni le paiono grandi, e però da quelli comincia prima a desiderare. Onde vedemo li parvuli desiderare massimamente un pomo; e poi, più procedendo, desiderare uno augellino; e poi, più oltre, desiderare bel vestimento; e poi lo cavallo; e poi una donna; e poi ricchezza non grande, e poi grande, e poi più. E questo incontra perché in nulla di queste cose truova quella che va cercando, e credela trovare più oltre. **17.** Per che vedere si può che l'uno desiderabile sta dinanzi a l'altro a li occhi de la nostra anima per modo quasi piramidale, che 'l minimo li cuopre prima tutti, ed è quasi punta de l'ultimo desiderabile, che è Dio, quasi base di tutti. Sì che, quanto da la punta ver la base più si procede, maggiori appariscono li desiderabili; e questa è la ragione per che, acquistando, li desiderii umani si fanno più ampii, l'uno appresso de l'altro. **18.** Veramente così questo cammino si perde per errore come le strade de la terra. Che sì come d'una cittade a un'altra di necessitade è una ottima e dirittissima via, e un'altra che sempre se ne dilunga (cioè quella che va ne l'altra parte) e molte altre quale meno allungandosi e quale meno appressandosi, così ne la vita umana sono diversi cammini, de li quali uno è veracissimo e un altro è fallacissimo, e certi meno fallaci e certi meno veraci. **19.** E sì come vedemo che quello che dirittissimo vae a la cittade, e compie lo desiderio e dà posa dopo la fatica, e quello che va in contrario mai nol compie e mai posa dare non può, così ne la nostra vita avviene: lo buono camminatore giugne a termine e a posa; lo erroneo mai non l'aggiugne, ma con molta fatica del suo animo sempre con li occhi gulosi si mira innanzi. **20.** Onde avvegna che questa ragione del tutto non risponda a la questione mossa di sopra, almeno apre la via a la risposta, ché fa vedere non andare ogni nostro desiderio dilatandosi per un modo. Ma perché questo capitolo è alquanto produtto, in capitolo nuovo a la questione è da rispondere, nel quale sia terminata tutta la disputazione che fare s'intende al presente contra le ricchezze.

CAPITOLO XIII

1. A la questione rispondendo, dico che propriamente crescere lo desiderio de la scienza dire non si può, avvegna che, come detto è, per alcuno modo si dilati. Ché quello che propriamente cresce, sempre è uno: lo desiderio de la scienza non è sempre uno, ma è molti, e finito l'uno, viene l'altro; sì che, propriamente parlando, non è crescere lo suo dilatare, ma successione di picciola cosa in grande cosa. **2.** Che se io desidero di sapere li principii de le cose naturali, incontanente che io so questi, è compiuto e terminato questo desiderio. E se poi io desidero di sapere che cosa e com'è ciascuno di questi principii, questo è un altro desiderio nuovo, né per l'avvenimento di questo non mi si toglie la perfezione a la quale mi condusse l'altro; e questo cotale dilatare non è cagione d'imperfezione, ma di perfezione maggiore. Quello veramente de la ricchezza è propriamente crescere, ché è sempre pur uno, sì che nulla successione quivi si vede, e per nullo termine e per nulla perfezione. **3.** E se l'avversario vuol dire che, sì come è altro desiderio quello di sapere li principii de le cose naturali e altro di sapere che elli sono, così altro desiderio è quello de le cento marche e altro è quello de le mille, rispondo che non è vero; che 'l cento si è parte del mille, e ha ordine ad esso come parte d'una linea a tutta linea, su per la quale si procede per uno moto solo e nulla successione quivi è né perfezione di moto in parte alcuna. **4.** Ma conoscere che siano li principii de le cose naturali, e conoscere quello che sia ciascheduno, non è parte l'uno de l'altro, e hanno ordine insieme come diverse linee, per le quali non si procede per uno moto, ma, perfetto lo moto de l'una, succede lo moto de l'altra. **5.** E così appare che, dal desiderio de la scienza, la scienza non è da dire imperfetta, sì come le ricchezze sono da dire per lo loro, come la questione ponea; ché nel desiderare de la scienza successivamente finiscono li desiderii e viensi a perfezione, e in quello de la ricchezza no. Sì che la questione è soluta, e non ha luogo. **6.** Ben puote ancora calunniare l'avversario dicendo che, avvegna che molti desiderii si compiano ne lo acquisto de la scienza, mai non si viene a l'ultimo: che è quasi simile a la 'mperfezione di quello che non si termina e che è pur uno. **7.** Ancora qui si risponde, che non è vero ciò che si oppone, cioè che mai non si viene a l'ultimo: ché li nostri desiderii naturali, sì come di sopra nel terzo trattato è mostrato, sono a certo termine discendenti; e quello de la scienza è naturale, sì che certo termine quello compie, avvegna che pochi per male camminare, compiano la giornata. **8.** E chi intende lo Commentatore nel terzo de l'Anima, questo intende da lui. E però dice Aristotile nel decimo de l'Etica, contra Simonide poeta parlando, che "l'uomo sì dee traere a le divine cose quanto può", in che mostra che a certo fine bada la nostra potenza. E nel primo de l'Etica dice che " 'l disciplinato chiede di sapere certezza ne le cose, secondo che ne la loro natura di certezza si riceva": in che mostra che non solamente da la parte de l'uomo desiderante, ma deesi fine attendere da la parte de lo scibile desiderato. **9.** E però Paulo dice: "Non più sapere che sapere si convegna, ma sapere a misura". Sì che, per qualunque modo lo desiderare de la scienza si prende, o generalmente o particularmente, a perfezione viene. E però la scienza ha perfetta e nobile perfezione, e per suo desiderio sua perfezione non perde, come le maladette ricchezze. **10.** Le quali come ne la loro possessione siano dannose brievemente è da mostrare, che è la terza nota de la loro imperfezione. Puotesi vedere la loro possessione essere dannosa per due ragioni: l'una, che è cagione di male; l'altra, che è privazione di bene. Cagione è di male, ché fa, pur vegliando, lo possessore timido e odioso. **11.** Quanta paura è quella di colui che appo sé sente ricchezza, in camminando, in soggiornando, non pur vegliando ma dormendo, non pur di perdere l'avere ma la persona per l'avere! Ben lo sanno li miseri mercatanti che per lo mondo vanno, che le foglie che 'l vento fa menare, li fa tremare, quando seco ricchezze portano; e quando sanza esse sono, pieni di sicurtade, cantando e sollazzando fanno loro cammino più brieve. **12.** E però dice lo Savio: "Se voto camminatore entrasse ne lo cammino, dinanzi a li ladroni canterebbe". E ciò vuol dire Lucano nel quinto libro, quando commenda la povertà di sicuranza, dicendo: "Oh sicura facultà de la povera vita! oh stretti abitaculi e masserizie! oh non ancora intese ricchezze de li Iddei! A quali tempii o a quali muri poteo questo avvenire, cioè non temere con alcuno tumulto, bussando la mano di Cesare?" E quello dice Lucano, quando ritrae come Cesare di notte a la casetta del pescatore Amiclas venne, per passare lo mare Adriano. **13.** E quanto odio è quello che ciascuno al possessore de la ricchezza porta, o per invidia o per desiderio di prendere quella possessione! Certo tanto è, che molte volte contra la debita pietade lo figlio a la morte del padre intende: e di questo grandissime e manifestissime esperienze possono avere li Latini, e da la parte di Po e da la parte di Tevero! E però Boezio nel secondo de la sua Consolazione dice: "Per certo l'avarizia fa li uomini odiosi". **14.** Anche è privazione di bene la loro possessione. Ché, possedendo quelle, larghezza non si fa, che è vertude ne la quale è perfetto bene e la quale fa li uomini splendienti e amati; che non può essere possedendo quelle, ma quelle lasciando di possedere. Onde Boezio nel medesimo libro dice: "Allora è buona la pecunia, quando, transmutata ne li altri per uso di larghezza, più non si possiede". Per che assai è manifesto la loro viltade per tutte le sue note. **15.** E però l'uomo di diritto appetito e di vera conoscenza quelle mai non ama, e non amandole non si unisce ad esse, ma quelle sempre di lungi da sé essere vuole, se non in quanto ad alcuno necessario servigio sono ordinate. Ed è cosa ragionevole, però che lo perfetto con lo imperfetto non si può congiugnere: onde vedemo che la torta linea con la diritta non si congiunge mai, e se alcuno congiungimento v'è, non è da linea a linea, ma da punto a punto. **16.** E però seguita che l'animo che è *diritto*, cioè d'appetito, e *verace*, cioè di conoscenza, per loro perdita non si disface; sì come lo testo pone nel fine di questa parte. E per questo effetto intende di provare lo testo che elle siano fiume corrente di lungi da la diritta torre de la ragione, o vero di nobilitade; e per questo, che esse divizie non possono torre la nobilitade a chi l'ha. E per questo modo disputasi e ripruovasi contra le ricchezze per la presente canzone.

CAPITOLO XIV

1. Riprovato l'altrui errore quanto è in quella parte che a le ricchezze s'appoggiava, [seguita che si riprovi quanto è] in quella parte, che tempo diceva essere cagione di nobilitade, dicendo *antica ricchezza*. E questa riprovagione si fa in quella parte che comincia: *Né voglion che vil uom gentil divegna*. **2.** E in prima si ripruova ciò per una ragione di costoro medesimi che così errano; poi, a maggiore loro confusione, questa loro ragione anche si distrugge: e ciò si fa quando dice: *Ancor, segue di ciò che innanzi ho messo*. Ultimamente conchiude manifesto essere lo loro errore, e però essere tempo d'intendere a la veritade: e ciò si fa quando dice: *Per che a 'ntelletti sani*. **3.** Dico adunque: *Né voglion che vil uom gentil divegna*. Dove è da sapere che oppinione di questi erranti è che uomo prima villano mai gentile uomo dicer non si possa; né uomo che figlio sia di villano similemente dicere mai non si possa gentile. E ciò rompe la loro sentenza medesima, quando dicono che tempo si richiede a nobilitade, ponendo questo vocabulo 'antico'; però ch'è impossibile per processo di tempo venire a la generazione di nobilitade per questa loro ragione che detta è, la quale toglie via che villano uomo mai possa esser gentile per opera che faccia, o per alcuno accidente, e toglie via la mutazione di villano padre in gentile figlio. **4.** Che se lo figlio del villano è pur villano, e lo figlio fia pur figlio di villano e così fia anche villano, e anche suo figlio, e così sempre, e mai non s'avrà a trovare là dove nobilitade per processo di tempo si cominci. **5.** E se l'avversario, volendosi difendere, dicesse che la nobilitade si comincerà in quel tempo che si dimenticherà lo basso stato de li antecessori, rispondo che ciò fia contra loro medesimi, che pur di necessitade quivi sarà transmutazione di viltade in gentilezza, d'un uomo in altro, o di padre a figlio, ch'è contra ciò che essi pongono. **6.** E se l'avversario pertinacemente si difendesse, dicendo che bene vogliono questa transmutazione potersi fare quando lo basso stato de li antecessori corre in oblivione, avvegna che 'l testo ciò non curi, degno è che la chiosa a ciò risponda. E però rispondo così: che di ciò che dicono seguitano quattro grandissimi inconvenienti, sì che buona ragione essere non può. **7.** L'uno si è che quanto la natura umana fosse migliore tanto sarebbe più malagevole e più tarda generazione di gentilezza; - che è massimo inconveniente, con ciò sia cosa, com'è no[t]ato, che la cosa quanto è migliore tanto è più cagione di bene; e nobilitade intra li beni sia commemorata -. **8.** E che ciò fosse così si pruova. Se la gentilezza o ver nobilitade, che per una cosa intendo, si generasse per oblivione, più tosto sarebbe generata la nobilitade quanto li uomini fossero più smemorati, [ché] tanto più tosto ogni oblivione verrebbe. Dunque, quanto li uomini smemorati più fossero, più tosto sarebbero nobili; e per contrario, quanto con più buona memoria, tanto più tardi nobili si farebbero. **9.** Lo secondo si è, che 'n nulla cosa, fuori de li uomini, questa distinzione si potrebbe fare, cioè nobile o vile; che è molto inconveniente con ciò sia cosa che in ciascuna spezie di cose veggiamo l'imagine di nobilitade e di viltade; onde spesse volte diciamo uno nobile cavallo e uno vile, e uno nobile falcone e uno vile, e una nobile margherita e una vile. **10.** E che non si potesse fare questa distinzione, così si pruova. Se l'oblivione de li bassi antecessori è cagione di nobilitade, e là ovunque bassezza d'antecessori mai non fu, non può essere l'oblivione di quelli: con ciò sia cosa che l'oblivione sia corruzione di memoria, e in questi altri animali e piante e minere bassezza e altezza non si noti (però che in uno sono naturati solamente ed iguale stato), in loro generazione di nobilitade essere non può. E così né viltade, con ciò sia cosa che l'una e l'altra si guardi come abito e privazione, che sono ad uno medesimo subietto possibili: e però in loro de l'una e de l'altra non potrebbe essere distinzione. **11.** E se l'avversario volesse dicere che ne l'altre cose nobilità s'intende per la bontà de la cosa, ma ne li uomini s'intende perché di sua bassa condizione non è memoria, rispondere si vorrebbe non con le parole ma col coltello a tanta bestialitade, quanta è dare a la nobilitade de l'altre cose bontade per cagione, e a quella de li uomini principio di dimenticanza. **12.** Lo terzo si è che molte volte verrebbe prima lo generato che lo generante, che è del tutto impossibile; e ciò si può così mostrare. Pognamo che Gherardo da Cammino fosse stato nepote del più vile villano che mai bevesse del Sile o del Cagnano, e la oblivione ancora non fosse del suo avolo venuta; chi sarà oso di dire che Gherardo da Cammino fosse vile uomo? e chi non parlerà meco dicendo quello essere stato nobile? Certo nullo, quanto vuole sia presuntuoso, però che egli fu, e fia sempre la sua memoria. **13.** E se la oblivione del suo basso antecessore non fosse venuta, sì come si suppone, ed ello fosse grande di nobilitade e la nobilitade in lui si vedesse così apertamente come aperta si vede, prima sarebbe stata in lui che 'l generante suo fosse stato: e questo è massimamente impossibile. **14.** Lo quarto si è che tale uomo sarebbe tenuto nobile morto che non fu nobile vivo, che più inconveniente essere non potrebbe; e ciò così si mostra. Pognamo che ne la etade di Dardano de' suoi antecessori bassi fosse memoria, e pognamo che ne la etade di Laomedonte questa memoria fosse disfatta, e venuta l'oblivione. Secondo l'oppinione avversa, Laomedonte fu gentile e Dardano fu villano in loro vita. Noi, a li quali la memoria de li loro anticessori, dico di là da Dardano, [non è rimasa, dir dovremmo che Dardano] vivendo fosse villano e morto sia nobile. **15.** E non è contro a ciò, che si dice Dardano esser stato figlio di Giove, ché ciò è favola, de la quale, filosoficamente disputando, curare non si dee; e pur se si volesse a la favola fermare l'avversario, di certo quello che la favola cuopre disfà tutte le sue ragioni. E così è manifesto, la ragione che ponea la oblivione causa di nobilitade essere falsa ed erronea.

CAPITOLO XV

1. Da poi che, per la loro medesima sentenza, la canzone ha riprovato tempo non richiedersi a nobilitade, incontanente seguita a confondere la premessa loro oppinione, acciò che di loro false ragioni nulla ruggine rimagna ne la mente che a la verità sia disposta; e questo fa quando dice: *Ancor, segue di ciò che innanzi ho messo.* **2.** Ove è da sapere che, se uomo non si può fare di villano gentile o di vile padre non può nascere gentile figlio, sì come messo è dinanzi per loro oppinione, che de li due inconvenienti l'uno seguire conviene: l'uno si è che nulla nobilitade sia; l'altro si è che 'l mondo sempre sia stato con più uomini, sì che da uno solo la umana generazione discesa non sia. **3.** E ciò si può mostrare. Se nobilitade non si genera di nuovo, sì come più volte è detto che la loro oppinione vuole (non generandosi di vile uomo in lui medesimo, né di vile padre in figlio), sempre è l'uomo tale quale nasce, e tale nasce quale è lo padre; e così questo processo d'una condizione è venuto infino dal primo parente: per che tale quale fu lo primo generante, cioè Adamo, conviene essere tutta l'umana generazione, ché da lui a li moderni non si puote trovare per quella ragione alcuna transmutanza. **4.** Dunque, se esso Adamo fu nobile, tutti siamo nobili, e se esso fu vile, tutti siamo vili; che non è altro che torre via la distinzione di queste condizioni, e così è torre via quelle. E questo dice, che di quello ch'è messo dinanzi seguita *che siam tutti gentili o ver villani.* **5.** E se questo non è, e pur alcuna gente è da dire nobile e alcuna è da dir vile; di necessitade, da poi che la transmutazione di viltade in nobilitade è tolta via, conviene l'umana generazione da diversi principii essere discesa, cioè da uno nobile e da uno vile. E ciò dice la canzone, quando dice: *O che non fosse ad uom cominciamento,* cioè uno solo: non dice 'cominciamenti'. E questo è falsissimo appo lo Filosofo, appo la nostra Fede che mentire non puote, appo la legge e credenza antica de li Gentili. **6.** Ché, avvegna che 'l Filosofo non pogna lo processo da uno primo uomo, pur vuole una sola essenza essere in tutti li uomini, la quale diversi principii avere non puote; e Plato vuole che tutti li uomini da una sola Idea dependano, e non da più, che è dare loro uno solo principio. E sanza dubbio forte riderebbe Aristotile udendo fare spezie due de l'umana generazione, sì come de li cavalli e de li asini; che, perdonimi Aristotile, asini ben si possono dire coloro che così pensano. **7.** Che appo la nostra fede, la quale del tutto è da conservare, sia falsissimo, per Salomone si manifesta, che là dove distinzione fa di tutti li uomini a li animali bruti, chiama quelli tutti figli d'Adamo; e ciò fa quando dice: "Chi sa se li spiriti de li figliuoli d'Adamo vadano suso, e quelli de le bestie vadano giuso?". **8.** E che appo li Gentili falso fosse, ecco la testimonianza d'Ovidio nel primo del suo Metamorfoseos, dove tratta la mondiale constituzione secondo la credenza pagana, o vero de li Gentili, dicendo: "Nato è l'uomo" - non disse 'li uomini', disse 'nato', e 'l'uomo' -, "o vero che questo l'artefice de le cose di seme divino fece, o vero che la recente terra, di poco dipartita dal nobile corpo sottile e diafano, li semi del cognato cielo ritenea. La quale, mista con l'acqua del fiume, lo figlio di Iapeto, cioè Prometeus, compuose in imagine de li Dei, che tutto governano". Dove manifestamente pone lo primo uomo uno solo essere stato. **9.** E però dice la canzone: *Ma ciò io non consento*, cioè che cominciamento ad uomo non fosse. E soggiugne la canzone: *Ned ellino altresì, se son cristiani*: e dice 'cristiani' e non 'filosofi' o vero 'Gentili', [de li quali] le sentenze anco [non] sono in contro; però che la cristiana sentenza è di maggiore vigore, ed è rompitrice d'ogni calunnia, mercé de la somma luce del cielo che quella allumina. **10.** Poi quando dico: *Per che a 'ntelletti sani È manifesto i lor diri esser vani*, conchiudo lo loro errore essere confuso, e dico che tempo è d'aprire li occhi a la veritade; questo dice quando dico: *E dicer voglio omai, sì com'io sento*. Dico adunque che, per quello che detto è, è manifesto a li sani intelletti che i detti di costoro sono vani, cioè sanza midolla di veritade. E dico sani non sanza cagione. **11.** Onde è da sapere che lo nostro intelletto si può dir sano e infermo: e dico intelletto per la nobile parte de l'anima nostra, che con uno vocabulo 'mente' si può chiamare. Sano dire si può, quando per malizia d'animo o di corpo impedito non è ne la sua operazione; che è conoscere quello che le cose sono, sì come vuole Aristotile nel terzo de l'Anima. **12.** Ché, secondo la malizia de l'anima, tre orribili infermitadi ne la mente de li uomini ho vedute. L'una è di naturale jattanza causata: ché sono molti tanto presuntuosi, che si credono tutto sapere, e per questo le non certe cose affermano per certe; lo qual vizio Tullio massimamente abomina nel primo de li Offici e Tommaso nel suo Contra-li-Gentili, dicendo: "Sono molti tanto di suo ingegno presuntuosi, che credono col suo intelletto poter misurare tutte le cose, estimando tutto vero quello che a loro pare, falso quello che a loro non pare". **13.** E quinci nasce che mai a dottrina non vegnono; credendo da sé sufficientemente essere dottrinati, mai non domandano, mai non ascoltano, disiano essere domandati e, anzi la domandagione compiuta, male rispondono. E per costoro dice Salomone ne li Proverbii: "Vedesti l'uomo ratto a rispondere? di lui stoltezza, più che correzione, è da sperare". **14.** L'altra è di naturale pusillanimitade causata: ché sono molti tanto vilmente ostinati, che non possono credere che né per loro né per altrui si possano le cose sapere; e questi cotali mai per loro non cercano né ragionano, mai quello che altri dice non curano. E contra costoro Aristotile parla nel primo de l'Etica, dicendo quelli essere insufficienti uditori de la morale filosofia. Costoro sempre come bestie in grossezza vivono, d'ogni dottrina disperati. **15.** La terza è da levitade di natura causata: ché sono molti di sì lieve fantasia che in tutte le loro ragioni transvanno, e anzi che silogizzino hanno conchiuso, e di quella conclusione vanno transvolando ne l'altra, e pare loro sottilissimamente argomentare, e non si muovono da neuno principio, e nulla cosa veramente veggiono vera nel loro imaginare. **16.** E di costoro dice lo Filosofo che non è da curare né da avere con essi faccenda, dicendo nel primo de la Fisica, che "contra quelli che nega li principii disputare non si conviene". E di questi cotali sono molti idioti che non saprebbero l'a. b. c. e vorrebbero disputare in geometria, in astrologia e in fisica. **17.** E secondo malizia, o vero difetto di corpo, può essere la mente non sana: quando per difetto d'alcuno principio da la nativitade, sì come [ne'] mentecatti; quando per l'alterazione del cerebro, sì come sono frenetici. E di questa infertade de la mente intende la legge, quando lo Inforzato dice: "In colui che fa testamento, di quel tempo nel quale lo testamento fa, sanitade di mente, non di corpo, è a domandare". Per che a quelli intelletti che per malizia d'animo o di corpo infermi non sono, liberi, espediti e sani a la luce de la veritade, dico essere manifesto l'oppinione de la gente, che detto è, essere vana, cioè sanza valore. **18.** Appresso soggiugne, che io così li giudico falsi e vani, e così li ripruovo; e ciò si fa quando si dice: *E io così per falsi li riprovo*. E appresso dico che da venire è a la veritade mostrare; e dico che mostrerò quella, cioè che cosa è gentilezza, e come si può conoscere l'uomo in cui essa è. E ciò dico quivi: *E dicer voglio omai, sì com'io sento*.

CAPITOLO XVI

1. "Lo rege si letificherà in Dio, e saranno lodati tutti quelli che giurano in lui, però che serrata è la bocca di coloro che parlano le inique cose". Queste parole posso io qui veramente proponere; però che ciascuno vero rege dee massimamente amare la veritade. Ond'è scritto nel libro di Sapienza: "Amate lo lume di sapienza, voi che siete dinanzi a li populi"; e lume di sapienza è essa veritade. Dico adunque che però si rallegrerà ogni rege che riprovata è la falsissima e dannosissima oppinione de li malvagi e ingannati uomini, che di nobilitade hanno infino a ora iniquamente parlato. **2.** Conviensi [ora] procedere al trattato de la veritade, secondo la divisione fatta nel terzo capitolo di questo trattato. Questa seconda parte adunque, che comincia: *Dico ch'ogni vertù principalmente*, intende diterminare d'essa nobilitade secondo la veritade; e partesi questa parte in due: che ne la prima s'intende mostrare che è questa nobilitade; ne la seconda s'intende mostrare come conoscere si puote colui dov'ella è: e comincia questa parte seconda: *L'anima cui adorna esta bontate*. **3.** La prima parte ha due parti ancora: che ne la prima si cercano certe cose che sono mestiere a veder la diffinizione di nobilitade; ne la seconda si cerca de la sua diffinizione: e comincia questa seconda parte: *È gentilezza dovunqu'è vertute.* **4.** A perfettamente entrare per lo trattato è prima da vedere due cose: l'una, che per questo vocabulo 'nobilitade' s'intende, solo semplicemente considerato; l'altra è per che via sia da camminare a cercare la prenominata diffinizione. Dico adunque che, se volemo riguardo avere de la comune consuetudine di parlare, per questo vocabulo 'nobilitade' s'intende perfezione di propria natura in ciascuna cosa. **5.** Onde non pur de l'uomo è predicata, ma eziandio di tutte cose: ché l'uomo chiama nobile pietra, nobile pianta, nobile cavallo, nobile falcone, e qualunque [cosa] in sua natura si vede essere perfetta. E però dice Salomone ne lo Ecclesiastes: "Beata la terra lo cui re è nobile", che non è altro a dire, se non lo cui rege è perfetto, secondo la perfezione de l'animo e del corpo; e così manifesta per quello che dice dinanzi quando dice: "Guai a te, terra, lo cui rege è pargolo", cioè non perfetto uomo: e non è pargolo uomo pur per etade, ma per costumi disordinati e per difetto di vita, sì come n'ammaestra lo Filosofo nel primo de l'Etica. **6.** Bene sono alquanti folli che credono che per questo vocabulo 'nobile' s'intenda 'essere da molti nominato e conosciuto', e dicono che viene da uno verbo che sta per conoscere, cioè 'nosco'. E questo è falsissimo; ché, se ciò fosse, quali cose più fossero nomate e conosciute in loro genere, più sarebbero in loro genere nobili: e così la guglia di San Piero sarebbe la più nobile pietra del mondo; e Asdente, lo calzolaio da Parma, sarebbe più nobile che alcuno suo cittadino; e Albuino de la Scala sarebbe più nobile che Guido da Castello di Reggio: che ciascuna di queste cose è falsissima. E però è falsissimo che 'nobile' vegna da 'conoscere', ma viene da 'non vile'; onde 'nobile' è quasi 'non vile'. **7.** Questa perfezione intende lo Filosofo nel settimo de la Fisica quando dice: "Ciascuna cosa è massimamente perfetta quando tocca e aggiugne la sua virtude propria, e allora è massimamente secondo sua natura; onde allora lo circulo si può dicere perfetto quando veramente è circulo", cioè quando aggiugne la sua propria virtude; e allora è in tutta sua natura, e allora si può dire nobile circulo. **8.** E questo è quando in esso uno punto, lo quale equalmente distante sia da la circunferenza, [equalmente] sua virtute parte per lo circulo; [ché lo circulo] che ha figura d'uovo non è nobile, né quello che ha figura di presso che piena luna, però che non è in quello sua natura perfetta. E così manifestamente vedere si può che generalmente questo vocabulo, cioè nobilitade, dice in tutte cose perfezione di loro natura: e questo è quello che primamente si cerca, per meglio entrare nel trattato de la parte che esponere s'intende. **9.** Secondamente è da vedere come da camminare è a trovare la diffinizione de l'umana nobilitade, a la quale intende lo presente processo. Dico adunque che, con ciò sia cosa che in quelle cose che sono d'una spezie, sì come sono tutti li uomini, non si può per li principii essenziali la loro ottima perfezione diffinire, conviensi quella e diffinire e conoscere per li loro effetti. **10.** E però si legge nel Vangelio di santo Matteo - quando dice Cristo: "Guardatevi da li falsi profeti" -: "A li frutti loro conoscerete quelli". E per lo cammino diritto è da vedere, questa diffinizione che cercando si vae, per li frutti: che sono morali vertù e intellettuali, de le quali essa nostra nobilitade è seme, sì come ne la sua diffinizione sarà pienamente manifesto. E queste sono quelle due cose che vedere si convenia prima che ad altre si procedesse, sì come in questo capitolo di sopra si dice.

CAPITOLO XVII

1. Appresso che vedute sono quelle due cose che parevano utili a vedere prima che sopra lo testo si procedesse, ad esso esponere è da procedere. E dice e comincia adunque: *Dico ch'ogni vertù principalmente Vien da una radice: Vertute, dico, che fa l'uom felice In sua operazione.* E soggiungo: *Questo è, secondo che l'Etica dice, Un abito eligente,* ponendo tutta la diffinizione de la morale virtù, secondo che nel secondo de l'Etica è per lo Filosofo diffinito. **2.** In che due cose principalmente s'intende: l'una è che ogni vertù vegna d'uno principio; l'altra si è che queste *ogni vertù* siano le vertù morali, di cui si parla; e ciò si manifesta quando dice: *Questo è, secondo che l'Etica dice.* Dove è da sapere che propiissimi nostri frutti sono le morali vertudi, però che da ogni canto sono in nostra podestade. **3.** E queste diversamente da diversi filosofi sono distinte e numerate; ma però che in quella parte dove aperse la bocca la divina sentenza d'Aristotile, da lasciare mi pare ogni altrui sentenza, volendo dire quali queste sono, brevemente secondo la sua sentenza trapasserò di quelle ragionando. **4.** Queste sono undici vertudi dal detto Filosofo nomate. La prima si chiama Fortezza, la quale è arme e freno a moderare l'audacia e la timiditate nostra, ne le cose che sono corruzione de la nostra vita. La seconda è Temperanza, che è regola e freno de la nostra gulositade e de la nostra soperchievole astinenza ne le cose che conservano la nostra vita. La terza si è Liberalitade, la quale è moderatrice del nostro dare e del nostro ricevere le cose temporali. **5.** La quarta si è Magnificenza, la quale è moderatrice de le grandi spese, quelle facendo e sostenendo a certo termine. La quinta si è Magnanimitade, la quale è moderatrice e acquistatrice de' grandi onori e fama. La sesta si è Amativa d'onore, la quale è moderatrice e ordina noi a li onori di questo mondo. La settima si è Mansuetudine, la quale modera la nostra ira e la nostra troppa pazienza contra li nostri mali esteriori. **6.** L'ottava si è Affabilitade, la quale fa noi ben convenire con li altri. La nona si è chiamata Veritade, la quale modera noi dal vantare noi oltre che siamo e da lo diminuire noi oltre che siamo, in nostro sermone. La decima si è chiamata Eutrapelia, la quale modera noi ne li sollazzi, facendo quelli e usando debitamente. L'undecima si è Giustizia, la quale ordina noi ad amare e operare dirittura in tutte cose. **7.** E ciascuna di queste vertudi ha due inimici collaterali, cioè vizii, uno in troppo e un altro in poco; e queste tutte sono li mezzi intra quelli, e nascono tutte da uno principio, cioè da l'abito de la nostra buona elezione: onde generalmente si può dicere di tutte, che siano abito elettivo consistente nel mezzo. **8.** E queste sono quelle che fanno l'uomo beato, o vero felice, ne la loro operazione, sì come dice lo Filosofo nel primo de l'Etica quando diffinisce la Felicitade, dicendo che "Felicitade è operazione secondo virtude in vita perfetta". Bene si pone Prudenza, cioè senno, per molti, essere morale virtude, ma Aristotile dinumera quella intra le intellettuali; avvegna che essa sia conduttrice de le morali virtù e mostri la via per ch'elle si compongono e sanza quella essere non possono. **9.** Veramente è da sapere che noi potemo avere in questa vita due felicitadi, secondo due diversi cammini, buono e ottimo, che a ciò ne menano: l'una è la vita attiva, e l'altra la contemplativa; la quale, avvegna che per l'attiva si pervegna, come detto è, a buona felicitade, ne mena ad ottima felicitade e beatitudine, secondo che pruova lo Filosofo nel decimo de l'Etica. **10.** E Cristo l'afferma con la sua bocca, nel Vangelio di Luca, parlando a Marta, e rispondendo a quella: "Marta, Marta, sollicita se' e turbiti intorno a molte cose: certamente una cosa è necessaria", cioè 'quello che fai'. E soggiugne: "Maria ottima parte ha eletta, la quale non le sarà tolta". E Maria, secondo che dinanzi è scritto a queste parole del Vangelio, a' piedi di Cristo sedendo, nulla cura del ministerio de la casa mostrava; ma solamente le parole del Salvatore ascoltava. **11.** Che se moralmente ciò volemo esponere, volse lo nostro Segnore in ciò mostrare che la contemplativa vita fosse ottima, tutto che buona fosse l'attiva: ciò è manifesto a chi ben vuole porre mente a le evangeliche parole. Potrebbe alcuno però dire, contra me argomentando: poiché la felicitade de la vita contemplativa è più eccellente che quella de l'attiva, e l'una e l'altra possa essere e sia frutto e fine di nobilitade, perché non anzi si procedette per la via de le virtù intellettuali che de le morali? **12.** A ciò si può brievemente rispondere, che in ciascuna dottrina si dee avere rispetto a la facultà del discente, e per quella via menarlo che più a lui sia lieve. Onde, perciò che le vertù morali paiano essere e siano più comuni e più sapute e più richeste che l'altre e [abbiano più che l'altre] u[til]itade ne lo aspetto di fuori, utile e convenevole fu più per quello cammino procedere che per l'altro; ché così bene [non] si verrebbe a la conoscenza de le api per lo frutto de la cera ragionando come per lo frutto del mele, tutto che l'uno e l'altro da loro procede.

CAPITOLO XVIII

1. Nel precedente capitolo è diterminato come ogni vertù morale viene da uno principio, cioè buona e abituale elezione; e ciò importa lo testo presente infino a quella parte che comincia: *Dico che nobilitate in sua ragione.* **2.** In questa parte adunque si procede per via probabile a sapere che ogni sopra detta virtude, singularmente o ver generalmente presa, proceda da nobilitade sì come effetto da sua cagione. E fondasi sopra una proposizione filosofica, che dice, che quando due cose si truovano convenire in una, che ambo queste si deono riducere ad alcuno terzo, o vero l'una a l'altra, sì come effetto a cagione; però che una cosa avuta prima e per sé non può essere se non da uno: e se quelle non fossero ambedue effetto d'un terzo, o vero l'una de l'altra, ambedue avrebbero quella cosa prima e per sé, ch'è impossibile. **3.** Dice adunque che nobilitade e *vertute cotale*, cioè morale, convegnono in questo, che l'una e l'altra importa loda di colui di cui si dice; e dico ciò quando dice: *Per che in medesmo detto Convegnono ambedue, ch'en d'uno effetto*, cioè lodare e rendere pregiato colui cui esser si dicono. E poi conchiude prendendo la vertude de la sopra notata proposizione, e dice che però conviene l'una procedere da l'altra, o vero ambe da un terzo; e soggiunge che più tosto è da presummere l'una venire da l'altra, che ambe da terzo, s'elli appare che l'una vaglia quanto l'altra e più ancora; e ciò dice: *Ma se l'una val ciò che l'altra vale.* **4.** Ove è da sapere che qui non si procede per necessaria dimostrazione. Sì come sarebbe a dire, se lo freddo è generativo de l'acqua, e noi vedemo li [nuvoli generare acqua, che lo freddo è generativo de li] nuvoli, di[ce, per] sì bella e convenevole induzione, che se in noi sono più cose laudabili, [e] in noi è lo principio de le nostre lodi, ragionevole è queste a questo principio riducere: e quello che comprende più cose, più ragionevolemente si dee dire principio di quelle, che quelle principio di lui. **5.** Ché lo piè de l'albero, che tutti li altri rami comprende, si dee principio dire e cagione di quelli, e non quelli di lui; e così nobilitade, [che] comprende ogni vertude, sì come cagione effetto comprende, e molte altre nostre operazioni laudabili, si dee avere per tale, che la vertude sia da ridurre ad essa prima che ad altro terzo che in noi sia. **6.** Ultimamente dice, che quello ch'è detto (cioè, che ogni vertù morale vegna da una radice, e che vertù cotale e nobilitade convegnano in una cosa, come detto è di sopra; e che però si convegna l'una reducere a l'altra, o vero ambe ad uno terzo; e che se l'una vale quello che l'altra e più, di quella [questa] proceda maggiormente che d'altro terzo), tutto *sia per supposto*, cioè ordito e apparecchiato a quello che per innanzi s'intende. E così termina questo verso e questa presente parte.

CAPITOLO XIX

1. Poi che ne la precedente parte sono pertrattate certe cose e diterminate, ch'erano necessarie a vedere come diffinire si possa questa buona cosa di che si parla, procedere si conviene a la seguente parte, che comincia: *È gentilezza dovunqu'è vertute.* **2.** E questa si vuole in due parti reducere: ne la prima si pruova certa cosa, che dinanzi è toccata e lasciata non provata; ne la seconda, conchiudendo, si truova questa diffinizione che cercando si va. E comincia questa seconda parte: *Dunque verrà, come dal nero il perso.* **3.** Ad evidenza de la prima parte, da reducere a memoria è che di sopra si dice che se nobilitade vale e si stende più che vertute, [vertute] più tosto procederà da essa. La qual cosa ora in questa parte pruova, cioè che nobilitade più si stenda; e rende essemplo del cielo, dicendo che dovunque è vertude, quivi è nobilitade. **4.** E quivi si vuole sapere che, sì come scritto è in Ragione e per regola di Ragione si tiene, in quelle cose che per sé sono manifeste non è mestiere di pruova: e nulla n'è più manifesta che nobilitade essere dove è vertude, e ciascuna cosa volgarmente vedemo, in sua natura [virtuosa], nobile esser chiamata. **5.** Dice dunque: *Sì com'è 'l cielo dovunqu'è la stella*, e non è questo vero *e converso*, cioè rivolto, che dovunque è cielo sia la stella, così è nobilitade dovunque è vertude, e non vertude dovunque nobilitade: e con bello e convenevole essemplo, ché veramente è cielo ne lo quale molte e diverse stelle rilucono. Riluce in essa le intellettuali e le morali virtudi; riluce in essa le buone disposizioni da natura date, cioè pietade e religione, e le laudabili passioni, cioè vergogna e misericordia e altre molte; riluce in essa le corporali bontadi, cioè bellezza, fortezza e quasi perpetua valitudine. **6.**

E tante sono le sue stelle, che del cielo risplendono, che certo non è da maravigliare se molti e diversi frutti fanno ne la umana nobilitade; tante sono le nature e le potenze di quella, in una sotto una semplice sustanza comprese e adunate, ne le quali sì come in diversi rami fruttifica diversamente. Certo da dovvero ardisco a dire che la nobilitade umana, quanto è da la parte di molti suoi frutti, quella de l'angelo soperchia, tuttoché l'angelica in sua unitade sia più divina. 7. Di questa nobilitade nostra, che in tanti e tali frutti fruttificava, s'accorse lo Salmista, quando fece quel Salmo che comincia: "Segnore nostro Iddio, quanto è ammirabile lo nome tuo ne l'universa terra!", là dove commenda l'uomo, quasi maravigliandosi del divino affetto in essa umana creatura, dicendo: "Che cosa è l'uomo, che tu, Dio, lo visiti? Tu l'hai fatto poco minore che li angeli, di gloria e d'onore l'hai coronato, e posto lui sopra l'opere de le mani tue". Veramente dunque bella e convenevole comparazione fu del cielo a l'umana nobilitade. 8. Poi quando dice: *E noi in donna e in età novella*, pruova ciò che dico, mostrando che la nobilitade si stenda in parte dove virtù non sia. E dice poi: *vedem questa salute*: e tocca nobilitade, che bene è vera salute, essere là dove è vergogna, cioè tema di disnoranza, sì come è ne le donne e ne li giovani, dove la vergogna è buona e laudabile; la qual vergogna non è virtù, ma certa passione buona. 9. E dice: *E noi in donna e in età novella*, cioè in giovani; però che, secondo che vuole lo Filosofo nel quarto de l'Etica, "vergogna non è laudabile né sta bene ne li vecchi e ne li uomini studiosi", però che a loro si conviene di guardare da quelle cose che a vergogna li conducano. 10. A li giovani e a le donne non è tanto richesto di [guard]are, e però in loro è laudabile la paura del disnore ricevere per la colpa; che da nobilitade viene, e nobilitade si puote credere e in loro chiamare, sì come viltade e ignobilitade la sfacciatezza. Onde buono e ottimo segno di nobilitade è, ne li pargoli e imperfetti d'etade, quando dopo lo fallo nel viso loro vergogna si dipinge, che è allora frutto di vera nobilitade.

CAPITOLO XX

1. Quando appresso seguita: *Dunque verrà, come dal nero il perso*, procede lo testo a la diffinizione di nobilitade, la qual si cerca, e per la quale si potrà vedere che è questa nobilitade di che tanta gente erroneamente parla. Dice dunque, conchiudendo da quello che dinanzi detto è: dunque ogni vertude, *o vero il gener loro*, cioè l'abito elettivo consistente nel mezzo, verrà da questa, cioè nobilitade. 2. E rende essemplo ne li colori, dicendo: sì come lo perso dal nero discende, così

questa, cioè vertude, discende da nobilitade. Lo perso è uno colore misto di purpureo e di nero, ma vince lo nero, e da lui si dinomina; e così la vertù è una cosa mista di nobilitade e di passione; ma perché la nobilitade vince in quella, è la vertù dinominata da essa, e appellata bontade. **3.** Poi appresso argomenta, per quello che detto è, che nessuno, per poter dire: 'Io sono di cotale schiatta', non dee credere essere con essa, se questi frutti non sono in lui. E rende incontanente ragione, dicendo che quelli che hanno questa *grazia*, cioè questa divina cosa, sono *quasi* come *dei*, sanza macula di vizio; e ciò dare non può se non Iddio solo, appo cui non è scelta di persone, sì come le divine Scritture manifestano. **4.** E non paia troppo alto dire ad alcuno, quando si dice: *Ch'elli son quasi dei*; ché, come di sopra nel settimo capitolo del terzo trattato si ragiona, così come uomini sono vilissimi e bestiali, così uomini sono nobilissimi e divini, e ciò pruova Aristotile nel settimo de l'Etica per lo testo d'Omero poeta. **5.** Sì che non dica quelli de li Uberti di Fiorenza, né quelli de li Visconti da Melano: 'Perch'io sono di cotale schiatta, io sono nobile'; ché 'l divino seme non cade in ischiatta, cioè in istirpe, ma cade ne le singulari persone, e, sì come di sotto si proverà, la stirpe non fa le singulari persone nobili, ma le singulari persone fanno nobile la stirpe. **6.** Poi, quando dice: *Ché solo Iddio a l'anima la dona*, ragione è del suscettivo, cioè del subietto dove questo divino dono discende: ch'è bene divino dono, secondo la parola de l'Apostolo: "Ogni ottimo dato e ogni dono perfetto di suso viene, discendendo dal padre de' lumi". **7.** Dice adunque che Dio solo porge questa grazia a l'anima di quelli cui vede stare perfettamente ne la sua persona, acconcio e disposto a questo divino atto ricevere. Ché, secondo dice lo Filosofo nel secondo de l'Anima, "le cose convengono essere disposte a li loro agenti, e a ricevere li loro atti"; onde se l'anima è imperfettamente posta, non è disposta a ricevere questa benedetta e divina infusione: sì come se una pietra margarita è male disposta, o vero imperfetta, la vertù celestiale ricever non può, sì come disse quel nobile Guido Guinizzelli in una sua canzone, che comincia: *Al cor gentil ripara sempre Amore.* **8.** Puote adunque l'anima stare non bene ne la persona per manco di complessione, o forse per manco di temporale: e in questa cotale questo raggio divino mai non risplende. E possono dire questi cotali, la cui anima è privata di questo lume, che essi siano sì come valli volte ad aquilone, o vero spelunche sotterranee, dove la luce del sole mai non discende, se non ripercussa da altra parte da quella illuminata. **9.** Ultimamente conchiude, e dice che, per quello che dinanzi detto è (cioè che le vertudi sono frutto di nobilitade, e che Dio questa metta ne l'anima che ben siede), che *ad alquanti*, cioè a quelli che hanno intelletto, che sono pochi, è manifesto che nobilitade umana non sia altro che 'seme di felicitade', *messo da Dio ne l'anima ben posta,* cioè lo cui corpo è d'ogni parte disposto perfettamente. Ché se le vertudi sono frutto di nobilitade, e felicitade è dolcezza [per quelle] comparata, manifesto è essa nobilitade essere semente di felicitade, come detto è. **10.** E se bene si guarda, questa diffinizione tutte e quattro le cagioni, cioè materiale, formale, efficiente e finale, comprende: materiale in quanto dice: *ne l'anima ben posta,* che è materia e subietto di nobilitade; formale in quanto dice che è *seme;* efficiente in quanto dice: *Messo da Dio ne l'anima;* finale in quanto dice: *di felicità.* E così è diffinita questa nostra bontade, la quale in noi similemente discende da somma e spirituale virtude, come virtude in pietra da corpo nobilissimo celestiale.

CAPITOLO XXI

1. Acciò che più perfettamente s'abbia conoscenza de la umana bontade, secondo che in noi è principio di tutto bene, la quale nobilitade si chiama, da chiarire è in questo speziale capitolo come questa bontade discende in noi; e prima per modo naturale, e poi per modo teologico, cioè divino e spirituale. **2.** In prima è da sapere che l'uomo è composto d'anima e di corpo; ma ne l'anima è quella; sì come detto è che è a guisa di semente de la virtù divina. Veramente per diversi filosofi de la differenza de le nostre anime fue diversamente ragionato: ché Avicenna e Algazel volsero che esse da loro e per loro principio fossero nobili e vili; e Plato e altri volsero che esse procedessero da le stelle, e fossero nobili e più e meno secondo la nobilitade de la stella. **3.** Pittagora volse che tutte fossero d'una nobilitade, non solamente le umane, ma con le umane quelle de li animali bruti e de le piante, e le forme de le minere; e disse che tutta la differenza è de le corpora e de le forme. Se ciascuno fosse a difendere la sua oppinione, potrebbe essere che la veritate si vedrebbe essere in tutte; ma però che ne la prima faccia paiono un poco lontane dal vero, non secondo quelle procedere si conviene, ma secondo l'oppinione d'Aristotile e de li Peripatetici. **4.** E però dico che quando l'umano seme cade nel suo recettaculo, cioè ne la matrice, esso porta seco la vertù de l'anima generativa e la vertù del cielo e la vertù de li elementi legati, cioè la complessione; e matura e dispone la materia a la vertù formativa, la quale diede l'anima del generante; e la vertù formativa prepara li organi a la vertù celestiale, che produce de la potenza del seme l'anima in vita. **5.** La quale, incontanente produtta, riceve da la vertù del motore del cielo lo intelletto possibile; lo quale potenzialmente in sé adduce tutte le forme universali, secondo che sono nel suo produttore, e tanto meno quanto più dilungato da la prima Intelligenza è. **6.** Non si maravigli alcuno, s'io parlo sì che par forte ad intendere; ché a me medesimo pare maraviglia, come cotale produzione si può pur conchiudere e con lo intelletto vedere. Non è cosa da manifestare a lingua, lingua, dico, veramente volgare. Per che io voglio dire come l'Apostolo: "O altezza de le divizie de la sapienza di Dio, come sono incomprensibili li tuoi giudicii e investigabili le tue vie!". **7.** E però che la complessione del seme puote essere migliore e men buona, e la disposizione del seminante puote essere migliore e men buona, e la disposizione del Cielo a questo effetto puote essere buona, migliore e ottima (la quale si varia per le constellazioni, che continuamente si transmutano); incontra che de l'umano seme e di queste vertudi più pura [e men pura] anima si produce; e, secondo la sua puritade, discende in essa la vertude intellettuale possibile che detta è, e come detto è. **8.** E s'elli avviene che, per la puritade de l'anima ricevente, la intellettuale vertude sia bene astratta e assoluta da ogni ombra corporea, la divina bontade in lei multiplica, sì come in cosa sufficiente a ricevere quella, e quindi sì multiplica ne l'anima questa intelligenza, secondo che ricevere puote. E questo è quel seme di felicitade del quale al presente si parla. **9.** E ciò è concordevole a la sentenza di Tullio in quello De Senectute, che, parlando in persona di Catone, dice: "Imperciò celestiale anima discese in noi, de l'altissimo abitaculo venuta in loco lo quale a la divina natura e a la etternitade è contrario". E in questa cotale anima è la vertude sua propria, e la intellettuale e la divina, cioè quella influenza che detta è: però è scritto nel libro de le Cagioni: "Ogni anima nobile ha tre operazioni, cioè animale, intellettuale e divina". **10.** E sono alcuni di tale oppinione che dicono, se tutte le precedenti vertudi s'accordassero sovra la produzione d'un'anima ne la loro ottima disposizione, che tanto discenderebbe in quella de la deitade, che quasi sarebbe un altro Iddio incarnato. E quasi questo è tutto ciò che per via naturale dicere si puote. **11.** Per via teologica si può dire che, poi che la somma deitade, cioè Dio, vede apparecchiata la sua creatura a ricevere del suo beneficio, tanto largamente in quella ne mette quanto apparecchiata è a riceverne. E però che da ineffabile caritate vegnono questi doni, e la divina caritate sia appropriata a lo Spirito Santo, quindi è che chiamati sono doni di Spirito Santo. **12.** Li quali, secondo che li distingue Isaia profeta, sono sette, cioè Sapienza, Intelletto, Consiglio, Fortezza, Scienza, Pietade e Timore di Dio. Oh buone biade e buona e ammirabile sementa! e oh ammirabile e benigno seminatore, che non attende se non che la natura umana li apparecchi la terra a seminare! e beati quelli che tale sementa coltivano come si conviene! **13.** Ove è da sapere che 'l primo e lo più nobile rampollo che germogli di questo seme, per essere fruttifero, si è l'appetito de l'animo, lo quale in greco è chiamato 'hormen'. E se questo non è buono, culto e sostenuto diritto per buona consuetudine, poco vale la sementa, e meglio sarebbe non essere seminato. **14.** E però vuole santo Augustino, e ancora Aristotile nel secondo de l'Etica, che l'uomo s'ausi a ben fare e a rifrenare le sue passioni, acciò che questo tallo, che detto è, per buona consuetudine induri, e rifermisi ne la sua rettitudine, sì che possa fruttificare, e del suo frutto uscire la dolcezza de l'umana felicitade.

CAPITOLO XXII

1. Comandamento è de li morali filosofi che de li benefici hanno parlato, che l'uomo dee mettere ingegno e sollicitudine in porgere li suoi benefici quanto puote [utili] più al ricevitore; onde io, volendo a cotale imperio essere obediente, intendo questo mio Convivio per ciascuna de le sue parti rendere utile, quanto più mi sarà possibile. **2.** E però che in questa parte occorre a me di potere alquanto [ragionare de l'umana felicitade, de la sua dolcezza] ragionare intendo; ché più utile ragionamento fare non si può a coloro che non la conoscono. Ché, sì come dice lo Filosofo nel primo de l'Etica e Tullio in quello del Fine de' Beni, male tragge al segno quelli che nol vede; e così male può ire a questa dolcezza chi prima non l'avvisa. **3.** Onde, con ciò sia cosa che essa sia finale nostro riposo, per lo quale noi vivemo e operiamo ciò che facemo, utilissimo e necessario è questo segno vedere, per dirizzare a quello l'arco de la nostra operazione. E massimamente è da gradire quelli che a coloro che non veggiano l'addita. **4.** Lasciando dunque stare l'oppinione che di quello ebbe Epicuro filosofo, e di quello ebbe Zenone, venire intendo sommariamente a la verace oppinione d'Aristotile e de li altri Peripatetici. Sì come detto è di sopra, de la divina bontade, in noi seminata e infusa dal principio de la nostra generazione, nasce uno rampollo, che li Greci chiamano 'hormen', cioè appetito d'animo naturale. **5.** E sì come ne le biade che, quando nascono, dal principio hanno quasi una similitudine ne l'erba essendo, e poi si vengono per processo dissimigliando; così questo naturale appetito, che de la divina grazia surge, dal principio quasi si mostra non dissimile a quello che pur da natura nudamente viene, ma con esso, sì come l'erbate quasi di diversi biadi, si simiglia. E non pur ne li uomini, ma ne li uomini e ne le bestie ha similitudine; e questo appare, ché ogni animale, sì come elli è nato, razionale come bruto, sé medesimo ama, e teme e fugge quelle cose che a lui sono contrarie, e quelle odia. **6.**

Procedendo poi, sì come detto è, comincia una dissimilitudine tra loro, nel procedere di questo appetito, ché l'uno tiene uno cammino e l'altro un altro. Sì come dice l'Apostolo: "Molti corrono al palio, ma uno è quelli che 'l prende", così questi umani appetiti per diversi calli dal principio se ne vanno, e uno solo calle è quello che noi mena a la nostra pace. E però, lasciando stare tutti li altri, col trattato è da tenere dietro a quello che bene comincia. **7.** Dico adunque che dal principio sé stesso ama, avvegna che indistintamente; poi viene distinguendo quelle cose che a lui sono più amabili e meno, e più odibili [e meno], e seguita e fugge, e più e meno, secondo la conoscenza distingue non solamente ne l'altre cose, che secondamente ama, ma eziandio distingue in sé, che ama principalmente. **8.** E conoscendo in sé diverse parti, quelle che in lui sono più nobili, più ama quelle; e con ciò sia cosa che più [nobile] parte de l'uomo sia l'animo che 'l corpo, quello più ama. E così, amando sé principalmente, e per sé l'altre cose, e amando di sé la migliore parte più, manifesto è che più ama l'animo che 'l corpo o che altra cosa: lo quale animo naturalmente più che altra cosa dee amare. **9.** Dunque, se la mente si diletta sempre ne l'uso de la cosa amata, che è frutto d'amore, e in quella cosa che massimamente è amata è l'uso massimamente dilettoso, l'uso del nostro animo è massimamente dilettoso a noi. E quello che massimamente è dilettoso a noi, quello è nostra felicitade e nostra beatitudine, oltre la quale nullo diletto è maggiore, né nullo altro pare; sì come veder si puote, chi bene riguarda la precedente ragione. **10.** E non dicesse alcuno che ogni appetito sia animo; ché qui s'intende animo solamente quello che spetta a la parte razionale, cioè la volontade e lo intelletto. Sì che se volesse chiamare animo l'appetito sensitivo, qui non ha luogo, né instanza puote avere, ché nullo dubita che l'appetito razionale non sia più nobile che 'l sensuale, e però più amabile: e così è questo di che ora si parla. Veramente l'uso del nostro animo è doppio, cioè pratico e speculativo (pratico è tanto quanto operativo), l'uno e l'altro dilettosissimo, avvegna che quello del contemplare sia più, sì come di sopra è narrato. **11.** Quello del pratico si è operare per noi virtuosamente, cioè onestamente, con prudenza, con temperanza, con fortezza e con giustizia; quello de lo speculativo si è non operare per noi, ma considerare l'opere di Dio e de la natura. E in questo [come in] quell'altro è nostra beatitudine e somma felicitade, sì come vedere si può; la quale è la dolcezza del sopra notato seme, sì come omai manifestamente appare, a la quale molte volte cotale seme non perviene per male essere coltivato, e per essere disviata la sua pullulazione. **12.** E similemente puote essere per molta correzione e cultura, che là dove questo seme dal principio non cade, si puote inducere [n]el suo processo, sì che perviene a questo frutto; ed è uno modo quasi d'insetare l'altrui natura sopra diversa radice. E però nullo è che possa essere scusato; ché se da sua naturale radice uomo non ha questa sementa, ben la puote avere per via d'insetazione. Così fossero tanti quelli di fatto che s'insetassero, quanti sono quelli che da la buona radice si lasciano disviare! **13.** Veramente di questi usi l'uno è più pieno di beatitudine che l'altro; sì come è lo speculativo, lo quale sanza mistura alcuna è uso de la nostra nobilissima parte, la quale, per lo radicale amore che detto è, massimamente è amabile, sì com'è lo 'ntelletto. E questa parte in questa vita perfettamente lo suo uso avere non puote - lo quale averà in Dio ch'è sommo intelligibile -, se non in quanto considera lui e mira lui per li suoi effetti. **14.** E che noi domandiamo questa beatitudine per somma, e non altra, cioè quella de la vita attiva, n'ammaestra lo Vangelio di Marco, se bene quello volemo guardare. Dice Marco che Maria Maddalena e Maria Iacobi e Maria Salomè andaro per trovare lo Salvatore al monimento, e quello non trovaro; ma trovaro uno giovane vestito di bianco che disse loro: "Voi domandate lo Salvatore, e io vi dico che non è qui; e però non abbiate temenza, ma ite, e dite a li discepoli suoi e a Piero che elli li precederà in Galilea; e quivi lo vedrete, sì come vi disse". **15.** Per queste tre donne si possono intendere le tre sette de la vita attiva, cioè li Epicurei, li Stoici e li Peripatetici, che vanno al monimento, cioè al mondo presente che è recettaculo di corruttibili cose, e domandano lo Salvatore, cioè la beatitudine, e non la truovano; ma uno giovane truovano in bianchi vestimenti, lo quale, secondo la testimonianza di Matteo e anche de li altri, era angelo di Dio. E però Matteo disse: "L'angelo di Dio discese di cielo, e vegnendo volse la pietra e sedea sopra essa. E 'l suo aspetto era come folgore, e le sue vestimenta erano come neve". **16.** Questo angelo è questa nostra nobilitade che da Dio viene, come detto è, che ne la nostra ragione parla, e dice a ciascuna di queste sette, cioè a qualunque va cercando beatitudine ne la vita attiva, che non è qui; ma vada, e dicalo a li discepoli e a Piero, cioè a coloro che 'l vanno cercando, e a coloro che sono sviati, sì come Piero che l'avea negato, che in Galilea li precederà: cioè che la beatitudine precederà noi in Galilea, cioè ne la speculazione. **17.** Galilea è tanto a dire quanto bianchezza. Bianchezza è uno colore pieno di luce corporale più che nullo altro; e così la contemplazione è più piena di luce spirituale che altra cosa che qua giù sia. E dice: 'Elli precederà'; e non dice: 'Elli sarà con voi': a dare a intendere che ne la nostra contemplazione Dio sempre precede, né mai lui giugnere potemo qui, lo quale è nostra beatitudine somma. E dice: 'Quivi lo vedrete, sì come disse': cioè quivi avrete de la sua dolcezza, cioè de la felicitade, sì come a voi è promesso qui; cioè, sì come stabilito è che voi avere possiate. **18.** E così appare che nostra beatitudine (questa felicitade di cui si parla) prima trovare potemo quasi imperfetta ne la vita attiva, cioè ne le operazioni de le morali virtudi, e poi perfetta quasi ne le operazioni de le intellettuali. Le quali due operazioni sono vie espedite e dirittissime a menare a la somma beatitudine, la quale qui non si puote avere, come appare pur per quello che detto è.

CAPITOLO XXIII

1. Poi che dimostrata sufficientemente pare la diffinizione di nobilitade, e quella per le sue parti, come possibile è stato, è dichiarata, sì che vedere si puote omai che è lo nobile uomo, da procedere parea la parte del testo che comincia: *L'anima, cui adorna esta bontate*; ne la quale si mostrano li segni per li quali conoscere si puote il nobile uomo che detto è. **2.** E dividesi questa parte in due: che ne la prima s'afferma che questa nobilitade luce e risplende per tutta la vita del nobile, manifestamente; ne la seconda si dimostra specificamente ne li suoi splendori , e comincia questa seconda parte: *Ubidente, soave e vergognosa.* **3.** Intorno de la prima è da sapere che questo seme divino, di cui parlato è di sopra, ne la nostra anima incontanente germoglia, mettendo e diversificando per ciascuna potenza de l'anima, secondo la essenza di quella. Germoglia dunque per la vegetativa, per la sensitiva e per la razionale; e dibrancasi per le vertuti di quelle tutte, dirizzando quelle tutte a le loro perfezioni, e in quelle sostenendosi sempre, infino al punto che, con quella parte de la nostra anima che mai non muore, a l'altissimo e gloriosissimo seminadore al cielo ritorna. **4.** E questo dice per quella prima [parte] che detta è. Poi quando comincia: *Ubidente, soave e vergognosa*, mostra quello per che potemo conoscere l'uomo nobile a li segni apparenti, che sono, di questa bontade divina, operazione; e partesi questa parte in quattro, secondo che per quattro etadi diversamente adopera, sì come per l'adolescenza, per la gioventute, per la senettute e per lo senio. E comincia la seconda parte: *In giovinezza, temperata e forte*; la terza comincia: *E ne la sua senetta*; la quarta comincia: *Poi ne la quarta parte de la vita*. E questa è la sentenza di questa parte in generale. Intorno a la quale si vuole sapere che ciascuno effetto, in quanto effetto è, riceve la similitudine de la sua cagione, quanto è più possibile di ritenere. **6.** Onde, con ciò sia cosa che la nostra vita, sì come detto è, ed ancora d'ogni vivente qua giù, sia causata dal cielo e lo cielo a tutti questi cotali effetti, non per cerchio compiuto, ma per parte di quello a loro si scuopra; e così conviene che 'l suo movimento sia sopra essi come uno arco quasi, e tutte le terrene vite (e dico terrene, sì de li [uomini] come de li altri viventi), montando e volgendo, convengono essere quasi ad imagine d'arco assimiglianti. Tornando dunque a la nostra, sola de la quale al presente s'intende, sì dico ch'ella procede a imagine di questo arco, montando e discendendo. **7.** Ed è da sapere che questo arco [di giù, come l'arco] di su sarebbe eguale, se la materia de la nostra seminale complessione non impedisse la regola de la umana natura. Ma però che l'umido radicale è meno e più, e di migliore qualitade [e men buona], e più ha durare [in uno] che in uno altro effetto - lo qual è subietto e nutrimento del calore, che è nostra vita -, avviene che l'arco de la vita d'un uomo è di minore e di maggiore tesa che quello de l'altro. **8.** E alcuna morte è violenta, o vero per accidentale infertade affrettata; ma solamente quella che naturale è chiamata dal vulgo, e che è, è quel termine del quale si dice per lo Salmista: "Ponesti termine, lo quale passare non si può". E però che lo maestro de la nostra vita Aristotile s'accorse di questo arco di che ora si dice, parve volere che la nostra vita non fosse altro che uno salire e uno scendere: però dice in quello dove tratta di Giovinezza e di Vecchiezza, che giovinezza non è altro se non accrescimento di quella. **9.** Là dove sia lo punto sommo di questo arco, per quella disaguaglianza che detta è di sopra, è forte da sapere; ma ne li più io credo tra il trentesimo e quarantesimo anno, e io credo che ne li perfettamente naturati esso ne sia nel trentacinquesimo anno. **10.** E muovemi questa ragione: che ottimamente naturato fue lo nostro salvatore Cristo, lo quale volle morire nel trentaquattresimo anno de la sua etade; ché non era convenevole la divinitade stare [in] cos[a] in discresc[er]e, né da credere è ch'elli non volesse dimorare in questa nostra vita al sommo, poi che stato c'era nel basso stato de la puerizia. **11.** E ciò manifesta l'ora del giorno de la sua morte, ché volle quella consimigliare con la vita sua; onde dice Luca che era quasi ora sesta quando morio, che è a dire lo colmo del die. Onde si può comprendere per quello 'quasi' che al trentacinquesimo anno di Cristo era lo colmo de la sua etade. **12.** Veramente questo arco non pur per mezzo si distingue da le scritture; ma, seguendo le quattro combinazioni de le contrarie qualitadi che sono ne la nostra composizione, a le quali pare essere appropriata, dico a ciascuna, una parte de la nostra etade, in quattro parti si divide, e chiamansi quattro etadi. **13.** La prima è Adolescenza, che s'appropria al caldo e a l'umido; la seconda si è Gioventute, che s'appropria al caldo e al secco; la terza si è Senettute, che s'appropria al freddo e al secco; la quarta si è Senio che s'appropria al freddo e a l'umido, secondo che nel quarto de la Metaura scrive Alberto. **14.** E queste parti si fanno simigliantemente ne l'anno, in primavera, in estate, in autunno e in inverno; e nel die, ciò è infino a la terza, e poi infino a la nona (lasciando la sesta, nel mezzo di questa parte, per la ragione che si discerne), e poi infino al vespero e dal vespero innanzi. E però li gentili, cioè li pagani, diceano che 'l carro del sole avea quattro cavalli: lo primo chiamavano Eoo, lo secondo Pirroi, lo terzo Eton, lo quarto Flegon, secondo che scrive Ovidio nel secondo del Metamorfoseos. **15.** Intorno a le parti del giorno è brievemente da sapere che, sì come detto è di sopra nel sesto del terzo trattato, la Chiesa usa, ne la distinzione de le ore, [ore] del dì temporali, che sono in ciascuno die dodici, o grandi o piccole, secondo la quantitade del sole; e però che la sesta ora, cioè lo mezzo die, è la più nobile di tutto lo die e la più virtuosa, li suoi offici appressa quivi da ogni parte, cioè da prima e di poi, quanto puote. **16.** E però l'officio de la prima parte del die, cioè la terza, si dice in fine di quella; e quello de la terza parte e de la quarta si dice ne li principii. E però si dice mezza terza, prima che suoni per quella parte; e mezza nona, poi che per quella parte è sonato; e così mezzo vespero. E però sappia ciascuno che, ne la diritta nona, sempre dee sonare nel cominciamento de la settima ora del die: e questo basti a la presente digressione.

CAPITOLO XXIV

1. Ritornando al proposito, dico che la umana vita si parte per quattro etadi. La prima si chiama Adolescenzia, cioè 'accrescimento di vita'; la seconda si chiama Gioventute, cioè 'etade che puote giovare', cioè perfezione dare, e così s'intende perfetta - ché nullo puote dare se non quello ch'elli ha -; la terza si chiama Senettute; la quarta si chiama Senio, sì come di sopra detto è. **2.** De la prima nullo dubita, ma ciascuno savio s'accorda ch'ella dura in fino al venticinquesimo anno; e però che infino a quel tempo l'anima nostra intende a lo crescere e a lo abbellire del corpo, onde molte e grandi transmutazioni sono ne la persona, non puote perfettamente la razionale parte discernere. Per che la Ragione vuole che dinanzi a quella etade l'uomo non possa certe cose fare sanza curatore di perfetta etade. **3.** De la seconda, la quale veramente è colmo de la nostra vita, diversamente è preso lo tempo da molti. Ma, lasciando ciò che ne scrivono li filosofi e li medici, e tornando a la ragione propria, dico che ne li più, ne li quali prendere si puote e dee ogni naturale giudicio, quella etade è venti anni. E la ragione che ciò mi dà si è che, se 'l colmo del nostro arco è ne li trentacinque, tanto quanto questa etade ha di salita tanto dee avere di scesa; e quella salita e quella scesa è quasi lo tenere de l'arco, nel quale poco di flessione si discerne. **4.** Avemo dunque che la gioventute nel quarantacinquesimo anno si compie. E sì come l'adolescenzia è in venticinque anni che precede, montando, a la gioventute, così lo discendere, cioè la senettute, è [in] altrettanto tempo che succede a la gioventute; e così si termina la senettute nel settantesimo anno. **5.** Ma però che l'adolescenza non comincia dal principio de la vita, pigliandola per lo modo che detto è, ma presso a otto mesi dopo quella; e però che la nostra natura si studia di salire, e a lo scendere raffrena, però che lo caldo naturale è menomato, e puote poco, e l'umido è ingrossato (non però in quantitade, ma pur in qualitade, sì ch'è meno vaporabile e consumabile), avviene che oltre la senettute rimane de la nostra vita forse in quantitade di diece anni, o poco più o poco meno: e questo tempo si chiama senio. **6.** Onde avemo di Platone, del quale ottimamente si può dire che fosse naturato, e per la sua perfezione e per la fisonomia (che di lui prese Socrate quando prima lo vide), che esso vivette ottantuno anno, secondo che testimonia Tullio in quello De Senectute. E io credo che se Cristo fosse stato non crucifisso, e fosse vivuto lo spazio che la sua vita poteva secondo natura trapassare, elli sarebbe a li ottantuno anno di mortale corpo in etternale transmutato. **7.** Veramente, sì come di sopra detto è, queste etadi possono essere più lunghe e più corte secondo la complessione nostra e la composizione; ma, come elle siano in questa proporzione, come detto è, [in tutti si truovano, e questo] in tutti mi pare da servare, cioè di fare l'etadi in quelli cotali e più lunghe e meno, secondo la integritade di tutto lo tempo de la naturale vita. Per queste tutte etadi questa nobilitade, di cui si parla, diversamente mostra li suoi effetti ne l'anima nobilitata; e questo è quello che questa parte, sopra la quale al presente si scrive, intende a dimostrare. **8.** Dov'è da sapere che la nostra buona e diritta natura ragionevolmente procede in noi, sì come vedemo procedere la natura de le piante in quelle; e però altri costumi e altri portamenti sono ragionevoli ad una etade più che ad altra, ne li quali l'anima nobilitata ordinatamente procede per una semplice via, usando li suoi atti ne li loro tempi ed etadi, sì come a l'ultimo suo frutto sono ordinati. E Tullio in ciò s'accorda in quello De Senectute. **9.** E lasciando lo figurato che di questo diverso processo de l'etadi tiene Virgilio ne lo Eneida, e lasciando stare quello che Egidio eremita ne dice ne la prima parte de lo Reggimento de' Principi, e lasciando stare quello che ne tocca Tullio in quello de li Offici, e seguendo solo quello che la ragione per sé ne puote vedere, dico che questa prima etade è porta e via per la quale s'entra ne la nostra buona vita. **10.** E questa entrata conviene avere di necessitade certe cose, le quali la buona natura, che non viene meno ne le cose necessarie, ne dà; sì come vedemo che dà a la vite le foglie per difensione del frutto, e li vignuoli con li quali difende e lega la sua imbecillitade, sì che sostiene lo peso del suo frutto. **11.** Dà adunque la buona natura a questa etade quattro cose, necessarie a lo entrare ne la cittade del bene vivere. La prima si è Obedienza; la seconda Soavitade; la terza Vergogna; la quarta Adornezza corporale, sì come dice lo testo ne la prima particola. **12.** È dunque da sapere, che sì come quello che mai non fosse stato in una cittade, non saprebbe tenere le vie, sanza insegnamento di colui che l'hae usata; così l'adolescente, che entra ne la selva erronea di questa vita, non saprebbe tenere lo buono cammino, se da li suoi maggiori non li fosse mostrato. Né lo mostrare varrebbe, se a li loro comandamenti non fosse obediente; e però fu a questa etade necessaria la obedienza. **13.** Ben potrebbe alcuno dire così: dunque potrà essere detto quelli obediente che crederà li malvagi comandamenti, come quelli che crederà li buoni? Rispondo che non fia quella obedienza, ma transgressione: ché se lo re comanda una via e lo servo ne comanda un'altra, non è da obedire lo servo; ché sarebbe disobedire lo re e così sarebbe transgressione. **14.** E però dice Salomone, quando intende correggere suo figlio (e questo è lo primo suo comandamento): "Audi, figlio mio, l'ammaestramento del tuo padre". E poi lo rimuove incontanente da l'altrui reo consiglio e ammaestramento, dicendo: 'Non ti possano quello [allettamento] fare di lusinghe né di diletto li peccatori, che tu vadi con loro'. Onde, sì come, nato, tosto lo figlio a la tetta de la madre s'apprende, così, tosto, come in esso alcuno lume d'animo appare, si dee volgere a la correzione del padre, e lo padre lui ammaestrare. **15.** E guardisi che non li dea di sé essemplo ne l'opera, che sia contrario a le parole de la correzione: ché naturalmente vedemo ciascuno figlio più mirare a le vestigie de li paterni piedi che a l'altre. E però dice e comanda la Legge, che a ciò provede, che la persona del padre sempre santa e onesta dee apparere a li suoi figli; e così appare che la obedienza fue necessaria in questa etade. **16.** E però scrive Salomone ne li Proverbi, che quelli che umilemente e obedientemente sostiene dal correttore le sue corre[zioni e] riprensioni, "sarà glorioso"; e dice 'sarà', a dare ad intendere che elli parla a lo adolescente, che non puote essere, ne la presente etade. E se alcuno calunniasse: 'Ciò che detto è, è pur del padre e non d'altri', dico che al padre si dee riducere ogni altra obedienza. **17.** Onde dice l'Apostolo a li Colossensi: "Figliuoli, obedite a li vostri padri per tutte cose, per ciò che questo vuole Iddio". E se non è in vita lo padre, riducere si dee a quelli che per lo padre è ne l'ultima volontade in padre lasciato; e se lo padre muore intestato, riducere si dee a colui cui la Ragione commette lo suo governo. **18.** E poi deono essere obediti maestri e maggiori, c[ui] in alcuno modo pare dal padre, o da quelli che loco paterno tiene, essere commesso. Ma però che lungo è stato lo capitolo presente per le utili digressioni che contiene, per l'altro capitolo l'altre cose sono da ragionare.

CAPITOLO XXV

1. Non solamente questa anima e natura buona in adolescenza è obediente, ma eziandio soave; la quale cosa è l'altra ch'è necessaria in questa etade a bene intrare ne la porta de la gioventute. Necessaria è, poi che noi non potemo perfetta vita avere sanza amici, sì come ne l'ottavo de l'Etica vuole Aristotile; e la maggiore parte de l'amistadi si paiono seminare in questa etade prima, però che in essa comincia l'uomo ad essere grazioso, o vero lo contrario: la quale grazia s'acquista per soavi reggimenti, che sono dolce e cortesemente parlare, dolce e cortesemente servire e operare. **2.** E però dice Salomone a lo adolescente figlio: "Li schernidori Dio li schernisce, e a li mansueti Dio darà grazia". E altrove dice: "Rimuovi da te la mala bocca, e li altri atti villani siano di lungi da te". Per che appare, che necessaria sia questa soavitade, come detto è. **3.** Anche è necessaria a questa etade la passione de la vergogna; e però la buona e nobile natura in questa etade la mostra, sì come lo testo dice. E però che la vergogna è apertissimo segno in adolescenza di nobilitade, perché quivi è massimamente necessaria al buono fondamento de la nostra vita, a lo quale la nobile natura intende; di quella è alquanto con diligenza da parlare. **4.** Dico che per vergogna io intendo tre passioni necessarie al fondamento de la nostra vita buona: l'una si è Stupore; l'altra si è Pudore; la terza si è Verecundia; avvegna che la volgare gente questa distinzione non discerna. E tutte e tre queste sono necessarie a questa etade per questa ragione: a questa etade è necessario d'essere reverente e disidiroso di sapere; a questa etade è necessario d'essere rifrenato, sì che non transvada; a questa etade è necessario d'essere penitente del fallo, sì che non s'ausi a fallare. E tutte queste cose fanno le passioni sopra dette, che vergogna volgarmente sono chiamate. **5.** Ché lo stupore è uno stordimento d'animo, per grandi e maravigliose cose vedere o udire o per alcuno modo sentire: che, in quanto paiono grandi, fanno reverente a sé quelli che le sente; in quanto paiono mirabili, fanno voglioso di sapere di quelle. E però li antichi regi ne le loro magioni faceano magnifici lavorii d'oro e di pietre e d'artificio, acciò che quelli che le vedessero divenissero stupidi, e però reverenti, e domandatori de le condizioni onorevoli de lo rege. **6.** E però dice Stazio, lo dolce poeta, nel primo de la Tebana Istoria, che quando Adrasto, rege de li Argi, vide Polinice coverto d'un cuoio di leone, e vide Tideo coverto d'un cuoio di porco salvatico, e ricordossi del risponso che Apollo dato avea per le sue figlie, che esso divenne stupido; e però più reverente e più disideroso di sapere. **7.** Lo pudore è uno ritraimento d'animo da laide cose, con paura di cadere in quelle; sì come vedemo ne le vergini e ne le donne buone e ne li adolescenti, che tanto sono pudici, che non solamente là dove richesti o tentati sono di fallare, ma dove pure alcuna imaginazione di venereo compimento avere si puote, tutti si dipingono ne la faccia di palido o di rosso colore. **8.** Onde dice lo sopra notato poeta ne lo allegato libro primo di Tebe, che quando Aceste, nutrice d'Argia e di Deifile, figlie d'Adrasto rege, le menò dinanzi da li occhi del santo padre ne la presenza de li due peregrini, cioè Polinice e Tideo, le vergini palide e rubicunde si fecero, e li loro occhi fuggiro da ogni altrui sguardo, e solo ne la paterna faccia, quasi come sicuri, si tennero. **9.** Oh quanti falli rifrena esto pudore! quante disoneste cose e dimande fa tacere! quante disoneste cupiditati raffrena! quante male tentazioni non pur ne la pudica persona diffida, ma eziandio in quello che la guarda! quante laide parole ritene! Ché, sì come dice Tullio nel primo de li Offici: "Nullo atto è laido, che non sia laido quello nominare"; e però lo pudico e nobile uomo mai non parla sì, che ad una donna non fossero oneste le sue parole. Ahi quanto sta male a ciascuno nobile uomo che onore vada cercando, menzionare cose che ne la bocca d'ogni donna stean male! **10.** La verecundia è una paura di disonoranza per fallo commesso; e di questa paura nasce un pentimento del fallo, lo quale ha in sé una amaritudine che è gastigamento a più non fallire. Onde dice questo medesimo poeta, in quella medesima parte, che quando Polinice fu domandato da Adrasto rege del suo essere, ch'elli dubitò prima di dicere, per vergogna del fallo che contra lo padre fatto avea, e ancora per li falli d'Edippo suo padre, ché paiono rimanere in vergogna del figlio; e non nominò suo padre, ma li antichi suoi e la terra e la madre. Per che bene appare, vergogna essere necessaria in quella etade. **11.** E non pure obedienza, soavitade e vergogna la nobile natura in questa etade dimostra, ma dimostra bellezza e snellezza nel corpo; come dice lo testo quando dice: *E sua persona adorna.* E questo 'adorna' è verbo e non nome: verbo, dico, indicativo del tempo presente in terza persona. Ove è da sapere che anco è necessaria questa opera a la nostra buona vita; ché la nostra anima conviene grande parte de le sue operazioni operare con organo corporale, e allora opera bene che 'l corpo è bene per le sue parti ordinato e disposto. **12.** E quando elli è bene ordinato e disposto, allora è bello per tutto e per le parti; ché l'ordine debito de le nostre membra rende uno piacere non so di che armonia mirabile, e la buona disposizione, cioè la sanitade, getta sopra quelle uno colore dolce a riguardare. **13.** E così dicere che la nobile natura lo suo corpo abbellisca e faccia conto e accorto, non è altro a dire se non che l'acconcia a perfezione d'ordine, e, co[me l']altre cose che ragionate sono, appare essere necessario a l'adolescenza: le quali la nobile anima, cioè la nobile natura, [dà, e] ad esse primamente intende, sì come cosa che, come detto è, da la divina provedenza è seminata.

CAPITOLO XXVI

1. Poi che sopra la prima particola di questa parte, che mostra quello per che potemo conoscere l'uomo nobile a li segni apparenti, è ragionato, da procedere è a la seconda parte, la quale comincia: *In giovinezza, temperata e forte*. **2.** Dice adunque che sì come la nobile natura in adolescenza *ubidente, soave e vergognosa*, e adornatrice de la sua persona si mostra, così ne la gioventute si fa *temperata, forte*, amorosa, cortese e leale: le quali cinque cose paiono, e sono, necessarie a la nostra perfezione, in quanto avemo rispetto a noi medesimi. **3.** E intorno di ciò si vuole sapere che tutto quanto la nobile natura prepara ne la prima etade, è apparecchiato e ordinato per provedimento di Natura universale, che ordina la particulare a sua perfezione. Questa perfezione nostra si può doppiamente considerare. Puotesi considerare secondo che ha rispetto a noi medesimi: e questa ne la nostra gioventute si dee avere, che è colmo de la nostra vita. **4.** Puotesi considerare secondo che ha rispetto ad altri; e però che prima conviene essere perfetto, e poi la sua perfezione comunicare ad altri, conviensi questa secondaria perfezione avere appresso questa etade, cioè ne la senettute, sì come di sotto si dicerà. **5.** Qui adunque è da reducere a mente quello che di sopra, nel ventiduesimo capitolo di questo trattato, si ragiona de lo appetito che in noi dal nostro principio nasce. Questo appetito mai altro non fa che cacciare e fuggire; e qualunque ora esso caccia quello che e quanto si conviene, e fugge quello che e quanto si conviene, l'uomo è ne li termini de la sua perfezione. **6.** Veramente questo appetito conviene essere cavalcato da la ragione; ché sì come uno sciolto cavallo, quanto ch'ello sia di natura nobile, per sé, sanza lo buono cavalcatore, bene non si conduce, così questo appetito, che irascibile e concupiscibile si chiama, quanto ch'ello sia nobile, a la ragione obedire conviene, la quale guida quello con freno e con isproni, come buono cavaliere. **7.** Lo freno usa quando elli caccia, e chiamasi quello freno Temperanza, la quale mostra lo termine infino al quale è da cacciare; lo sprone usa quando fugge, per lui tornare a lo loco onde fuggire vuole, e questo sprone si chiama Fortezza, o vero Magnanimitate, la quale vertute mostra lo loco dove è da fermarsi e da pugnare. **8.** E così infrenato mostra Virgilio, lo maggiore nostro poeta, che fosse Enea, ne la parte de lo Eneida ove questa etade si figura; la quale parte comprende lo quarto, lo quinto e lo sesto libro de lo Eneida. E quanto raffrenare fu quello, quando, avendo ricevuto da Dido tanto di piacere quanto di sotto nel settimo trattato si dicerà, e usando con essa tanto di dilettazione, elli si partio, per seguire onesta e laudabile via e fruttuosa, come nel quarto de l'Eneida scritto è! **9.** Quanto spronare fu quello, quando esso Enea sostenette solo con Sibilla a intrare ne lo Inferno a cercare de l'anima di suo padre Anchise, contra tanti pericoli, come nel sesto de la detta istoria si dimostra! Per che appare che, ne la nostra gioventute, essere a nostra perfezione ne convegna 'temperati e forti'. E questo fa e dimostra la buona natura, sì come lo testo dice espressamente. **10.** Ancora è a questa etade, a sua perfezione, necessario d'essere amorosa; però che ad essa si conviene guardare diretro e dinanzi, sì come cosa che è nel meridionale cerchio. Conviensi amare li suoi maggiori, da li quali ha ricevuto ed essere e nutrimento e dottrina, sì che esso non paia ingrato; conviensi amare li suoi minori, acciò che, amando quelli, dea loro de li suoi benefici, per li quali poi ne la minore prosperitade esso sia da loro sostenuto e onorato. **11.** E questo amore mostra che avesse Enea lo nomato poeta nel quinto libro sopra detto, quando lasciò li vecchi Troiani in Cicilia raccomandati ad Aceste, e partilli da le fatiche; e quando ammaestrò in questo luogo Ascanio, suo figliuolo, con li altri adolescentuli armeggiando. Per che appare a questa etade necessario essere amare, come lo testo dice. **12.** Ancora è necessario a questa etade essere cortese; ché, avvegna che a ciascuna etade sia bello l'essere di cortesi costumi, a questa è massimamente necessario; però che [lievemente merita perdono l'adolescenza, se di cortesia manchi, per difetto d'etade, e però che,] nel contrario, non la puote avere la senettute, per la gravezza sua e per la severitade che a lei si richiede; e così lo senio maggiormente. **13.** E questa cortesia mostra che avesse Enea questo altissimo poeta, nel sesto sopra detto, quando dice che Enea rege, per onorare lo corpo di Miseno morto, che era stato trombatore d'Ettore e poi s'era raccomandato a lui, s'accinse e prese la scure ad aiutare tagliare le legne, per lo fuoco che dovea ardere lo corpo morto, come era di loro costume. Per che bene appare questa essere necessaria a la gioventute, e però la nobile anima in quella la dimostra, come detto è. **14.** Ancora è necessario a questa etade essere leale. Lealtade è seguire e mettere in opera quello che le leggi dicono, e ciò massimamente si conviene a lo giovane: però che lo adolescente, come detto è, per minoranza d'etade lievemente merita perdono; lo vecchio per più esperienza dee essere giusto, e non essaminatore di legge, se non in quanto lo suo diritto giudicio e la legge è tutto uno quasi e, quasi sanza legge alcuna, dee giustamente sé guidare: che non può fare lo giovane. E basti che esso seguiti la legge, e in quella seguitare si diletti: sì come dice lo predetto poeta, nel predetto quinto libro, che fece Enea, quando fece li giuochi in Cicilia ne l'anniversario del padre; che ciò che promise per le vittorie, lealmente diede poi a ciascuno vittorioso, sì come era di loro lunga usanza, che era loro legge. **15.** Per che è manifesto che a questa etade lealtate, cortesia, amore, fortezza e temperanza siano necessarie, sì come dice lo testo che al presente è ragionato; e però la nobile anima tutte le dimostra.

CAPITOLO XXVII

1. Veduto e ragionato è assai sofficientemente sopra quella particola che 'l testo pone, mostrando quelle probitadi che a la gioventute presta la nobile anima; per che da intendere pare a la terza parte che comincia: *È ne la sua senetta*, ne la quale intende lo testo mostrare quelle cose che la nobile natura mostra e dee avere ne la terza etade, cioè senettude. **2.** E dice che l'anima nobile ne la senetta sì è prudente, sì è giusta, sì è larga, e allegra di dir bene in prode d'altrui e d'udire quello, cioè che è affabile. E veramente queste quattro vertudi a questa etade sono convenientissime. E a ciò vedere, è da sapere che, sì come dice Tullio in quello De Senectute, "certo corso ha la nostra buona etade, e una via semplice è quella de la nostra buona natura; e a ciascuna parte de la nostra etade è data stagione a certe cose". **3.** Onde sì come a l'adolescenza dato è, com'è detto di sopra, quello per che a perfezione e a maturitade venire possa, così a la gioventute è data la perfezione, e [a la senettute] la maturitade acciò che la dolcezza del suo frutto e a sé e ad altrui sia profittabile; ché, sì come Aristotile dice, l'uomo è animale civile, per che a lui si richiede non pur a sé ma altrui essere utile. Onde si legge di Catone che non a sé, ma a la patria e a tutto lo mondo nato esser credea. **4.** Dunque appresso la propria perfezione, la quale s'acquista ne la gioventute, conviene venire quella che alluma non pur sé ma li altri; e conviensi aprire l'uomo quasi com'una rosa che più chiusa stare non puote, e l'odore che dentro generato è spandere: e questo conviene essere in questa terza etade, che per mano corre. **5.** Conviensi adunque essere prudente, cioè savio: e a ciò essere si richiede buona memoria de le vedute cose, buona conoscenza de le presenti e buona provedenza de le future. E, sì come dice lo Filosofo nel sesto de l'Etica, "impossibile è essere savio a chi non è buono", e però non è da dire savio chi con sottratti e con inganni procede, ma è da chiamare astuto; ché sì come nullo dicerebbe savio quelli che si sapesse bene trarre de la punta d'uno coltello ne la pupilla de l'occhio, così non è da dire savio quelli che ben sa una malvagia cosa fare, la quale facendo, prima sé sempre che altrui offende. **6.** Se bene si mira, da la prudenza vegnono li buoni consigli, li quali conducono sé e altri a buono fine ne le umane cose e operazioni; e questo è quello dono che Salomone, veggendosi al governo del populo essere posto, chiese a Dio, sì come nel terzo libro de li Regi è scritto. **7.** Né questo cotale prudente non attende [chi] li domandi 'Consigliami', ma proveggendo per lui, sanza richesta colui consiglia; sì come la rosa, che non pur a quelli che va a lei per lo suo odore rende quello, ma eziandio a qualunque appresso lei va. **8.** Potrebbe qui dire alcuno medico o legista: Dunque porterò io lo mio consiglio e darollo eziandio che non mi sia chesto, e de la mia arte non averò frutto? Rispondo, sì come dice nostro Signore: "A grado riceveste, a grado e date". **9.** Dico dunque, messer lo legista, che quelli consigli che non hanno rispetto a la tua arte e che procedono solo da quel buono senno che Dio ti diede (che è prudenza, de la quale si parla), tu non li dei vendere a li figli di Colui che te l'ha dato: quelli che hanno rispetto a l'arte, la quale hai comperata, vendere puoi; ma non sì che non si convegnano alcuna volta decimare e dare a Dio, cioè a quelli miseri, a cui solo lo grado divino è rimaso. **10.** Conviensi anche a questa etade essere giusto, acciò che li suoi giudici e la sua autoritade sia un lume e una legge a li altri. E perché questa singulare vertù, cioè giustizia, fue veduta per li antichi filosofi apparire perfetta in questa etade, lo reggimento de le cittadi commisero in quelli che in questa etade erano; e però lo collegio de li rettori fu detto Senato. **11.** Oh misera, misera patria mia! quanta pietà mi stringe per te, qual volta leggo, qual volta scrivo cosa che a reggimento civile abbia rispetto! Ma però che di giustizia nel penultimo trattato di questo volume si tratterà, basti qui al presente questo poco avere toccato di quella. **12.** Conviensi anche a questa etade essere largo; però che allora si conviene la cosa quanto più satisface al debito de la sua natura, né mai a lo debito de la larghezza non si può satisfacere così come in questa etade. Ché se volemo bene mirare al processo d'Aristotile nel quarto de l'Etica, e a quello di Tullio in quello de li Offici, la larghezza vuole essere a luogo e a tempo, tale che lo largo non noccia a sé né ad altrui. **13.** La quale cosa avere non si puote sanza prudenza e sanza giustizia; le quali virtudi anzi a questa etade avere perfette per via naturale è impossibile. Ahi malestrui e malnati, che disertate vedove e pupilli, che rapite a li men possenti, che furate e occupate l'altrui ragioni; e di quelle corredate conviti, donate cavalli e arme, robe e denari, portate le mirabili vestimenta, edificate li mirabili edifici, e credetevi larghezza fare! **14.** E che è questo altro a fare che levare lo drappo di su l'altare e coprire lo ladro la sua mensa? Non altrimenti si dee ridere, tiranni, de le vostre messioni, che del ladro che menasse a la sua casa li convitati, e la tovaglia furata di su l'altare, con li segni ecclesiastici ancora, ponesse in su la mensa e non credesse che altri se n'accorgesse. **15.** Udite, ostinati, che dice Tullio contro a voi nel libro de li Offici: "Sono molti, certo desiderosi d'essere apparenti e gloriosi, che tolgono a li altri per dare a li altri, credendosi buoni essere tenuti, [se li] arricchiscono per qual ragione essere voglia. Ma ciò tanto è contrario a quello che far si conviene, che nulla è più". **16.** Conviensi anche a questa etade essere affabile, ragionare lo bene, e quello udire volontieri: imperò che allora è buono ragionare lo bene, quando esso è ascoltato. E questa etade pur ha seco un'ombra d'autoritade, per la quale più pare che lei l'uomo ascolti che nulla più tostana etade, e più belle e buone novelle pare dover savere per la lunga esperienza de la vita. Onde dice Tullio in quello De Senectute, in persona di Catone vecchio: "A me è ricresciuto e volontà e diletto di stare in colloquio più ch'io non solea". **17.** E che tutte e quattro queste cose convegnono a questa etade, n'ammaestra Ovidio nel settimo Metamorfoseos, in quella favola dove scrive come Cefalo d'Atene venne ad Eaco re per soccorso, nella guerra che Atene ebbe con Creti. Mostra che Eaco vecchio fosse prudente, quando, avendo per pestilenza di corrompimento d'aere quasi tutto lo popolo perduto, esso saviamente ricorse a Dio e a lui domandò lo ristoro de la morta gente; e per lo suo senno, che a pazienza lo tenne e a Dio tornare lo fece, lo suo popolo ristoratoli fu maggiore che prima. **18.** Mostra che esso fosse giusto, quando dice che esso fu partitore a nuovo popolo e distributore de la terra diserta sua. Mostra che fosse largo, quando disse a Cefalo dopo la dimanda de lo aiuto: "O Atene, non domandate a me aiutorio, ma toglietevelo, e non dite a voi dubitose le forze che ha questa isola. E tutto questo è [lo] stato de le mie cose: forze non ci menomano, anzi ne sono a noi di soperchio; e lo avversario è grande, e lo tempo da dare è, bene avventuroso e sanza escusa". **19.** Ahi quante cose sono da notare in questa risposta! Ma a buono intenditore basti essere posto qui come Ovidio lo pone. Mostra che fosse affabile, quando dice e ritrae per lungo sermone a Cefalo la istoria de la pestilenza del suo popolo diligentemente, e lo ristoramento di quello. **20.** Per che assai è manifesto a questa etade essere quattro cose convenienti; per che la nobile natura in essa le mostra, sì come lo testo dice. E perché più memorabile sia l'essemplo che detto è, dice di Eaco re che questi fu padre di Telamon, [di Peleus] e di Foco, del quale Telamon nacque Aiace, e di Peleus Achilles.

CAPITOLO XXVIII

1. Appresso de la ragionata particola è da procedere a l'ultima, cioè a quella che comincia: *Poi ne la quarta parte de la vita*; per la quale lo testo intende mostrare quello che fa la nobile anima ne l'ultima etade, cioè nel senio. **2**. E dice ch'ella fa due cose: l'una, che ella ritorna a Dio, sì come a quello porto onde ella si partio quando venne ad intrare nel mare di questa vita; l'altra si è, che ella benedice lo cammino che ha fatto, però che è stato diritto e buono, e sanza amaritudine di tempesta. **3**. E qui è da sapere, che, sì come dice Tullio in quello De Senectute, la naturale morte è quasi a noi porto di lunga navigazione e riposo. Ed è così: [ché], come lo buono marinaio, come esso appropinqua al porto, cala le sue vele, e soavemente, con debile conducimento, entra in quello; così noi dovemo calare le vele de le nostre mondane operazioni e tornare a Dio con tutto nostro intendimento e cuore, sì che a quello porto si vegna con tutta soavitade e con tutta pace. **4**. E in ciò avemo da la nostra propria natura grande ammaestramento di soavitade, ché in essa cotale morte non è dolore né alcuna acerbitate, ma sì come uno pomo maturo leggiermente e sanza violenza si dispicca dal suo ramo, così la nostra anima sanza doglia si parte dal corpo ov'ella è stata. Onde Aristotile in quello De Iuventute et Senectute dice che "sanza tristizia è la morte ch'è ne la vecchiezza". **5**. E sì come a colui che viene di lungo cammino, anzi ch'entri ne la porta de la sua cittade, li si fanno incontro li cittadini di quella, così a la nobile anima si fanno incontro, e deono fare, quelli cittadini de la etterna vita; e così fanno per le sue buone operazioni e contemplazioni: ché, già essendo a Dio renduta e astrattasi da le mondane cose e cogitazioni, vedere le pare coloro che appresso di Dio crede che siano. **6**. Odi che dice Tullio, in persona di Catone vecchio: "A me pare già vedere e levomi in grandissimo studio di vedere li vostri padri, che io amai, e non pur quelli [che io stesso conobbi], ma eziandio quelli di cui udi' parlare". **7**. Rendesi dunque a Dio la nobile anima in questa etade, e attende lo fine di questa vita con molto desiderio e uscir le pare de l'albergo e ritornare ne la propria mansione, uscir le pare di cammino e tornare in cittade, uscir le pare di mare e tornare a porto. O miseri e vili che con le vele alte correte a questo porto, e là ove dovereste riposare, per lo impeto del vento rompete, e perdete voi medesimi là dove tanto camminato avete! **8**. Certo lo cavaliere Lancelotto non volse entrare con le vele alte, né lo nobilissimo nostro latino Guido montefeltrano. Bene questi nobili calaro le vele de le mondane operazioni, che ne la loro lunga etade a religione si rendero, ogni mondano diletto e opera disponendo. **9.** E non si puote alcuno escusare per legame di matrimonio, che in lunga etade lo tegna; ché non torna a religione pur quelli che a santo Benedetto, a santo Augustino, a santo Francesco e a santo Domenico si fa d'abito e di vita simile, ma eziandio a buona e vera religione si può tornare in matrimonio stando, ché Dio non volse religioso di noi se non lo cuore. **10.** E però dice santo Paulo a li Romani: "Non quelli ch'è manifestamente, è Giudeo, né quella ch'è manifesta in carne è circuncisione; ma quelli ch'è in ascoso è Giudeo, e la circuncisione del cuore, in ispirito non in littera, è circuncisione: la loda de la quale è non da li uomini, ma da Dio". **11.** E benedice anco la nobile anima in questa etade li tempi passati; e bene li può benedicere; però che, per quelli rivolvendo la sua memoria, essa si rimembra de le sue diritte operazioni, sanza le quali al porto, ove s'appressa, venire non si potea con tanta ricchezza né con tanto guadagno. **12.** E fa come lo buono mercatante, che, quando viene presso al suo porto, essamina lo suo procaccio e dice: 'Se io non fosse per cotal cammino passato, questo tesoro non avre' io, e non avrei di ch'io godesse ne la mia cittade, a la quale io m'appresso'; e però benedice la via che ha fatta. **13.** E che queste due cose convegnano a questa etade, ne figura quello grande poeta Lucano nel secondo de la sua Farsalia, quando dice che Marzia tornò a Catone e richiese lui e pregollo che la dovesse riprendere [g]ua[s]ta: per la quale Marzia s'intende la nobile anima. **14.** E potemo così ritrarre la figura a veritade. Marzia fu vergine, e in quello stato si significa l'adolescenza; [poi si maritò] a Catone, e in quello stato si significa la gioventute; fece allora figli, per li quali si significano le vertudi che di sopra si dicono a li giovani convenire; e partissi da Catone, e maritossi ad Ortensio, per che [si] significa che si partì la gioventute e venne la senettute; fece figli di questo anche, per che si significano le vertudi che di sopra si dicono convenire a la senettute. **15.** Morì Ortensio; per che si significa lo termine de la senettute; e vedova fatta - per lo quale vedovaggio si significa lo senio - tornò Marzia dal principio del suo vedovaggio a Catone, per che si significa la nobile anima dal principio del senio tornare a Dio. E quale uomo terreno più degno fu di significare Iddio, che Catone? Certo nullo. **16.** E che dice Marzia a Catone? "Mentre che in me fu lo sangue", cioè la gioventute, "mentre che in me fu la maternale vertute", cioè la senettute, che bene è madre de l'alte [vertu]di, sì come di sopra è mostrato, "io" dice Marzia "feci e compiei li tuoi comandamenti", cioè a dire, che l'anima stette ferma a le civili operazioni. Dice: "E tolsi due mariti", cioè a due etadi fruttifera sono stata. **17.** "Ora" dice Marzia "che 'l mio ventre è lasso, e che io sono per li parti vota, a te mi ritorno, non essendo più da dare ad altro sposo"; cioè a dire che la nobile anima, cognoscendosi non avere più ventre da frutto, cioè li suoi membri sentendosi a debile stato venuti, torna a Dio, colui che non ha mestiere de le membra corporali. **18.** E dice Marzia: "Dammi li patti de li antichi letti, dammi lo nòme solo del maritaggio"; che è a dire che la nobile anima dire a Dio 'Dammi, Signor mio, omai lo riposo di te; dammi, almeno, che io in questa tanta vita sia chiamata tua'. E dice Marzia: "Due ragioni mi muovono a dire questo: l'una si è, che dopo di me si dica ch'io sia morta moglie di Catone; l'altra, che dopo me si dica che tu non mi scacciasti, ma di buono animo mi maritasti". **19.** Per queste due cagioni si muove la nobile anima; e vuole partire d'esta vita sposa di Dio, e vuole mostrare che graziosa fosse a Dio la sua creazione. Oh sventurati e male nati, che innanzi volete partirvi d'esta vita sotto lo titolo d'Ortensio che di Catone! Nel nome di cui è bello terminare ciò che de li segni de la nobiltade ragionare si convenia, però che in lui essa nobilitade tutti li dimostra per tutte etadi.

CAPITOLO XXIX

1. Poi che mostrato [ha] lo testo quelli segni li quali per ciascuna etade appaiono nel nobile uomo e per li quali conoscere si puote, e sanza li quali essere non puote, come lo sole sanza luce e lo fuoco sanza caldo, grida lo testo a la gente, a l'ultimo di ciò che di nobilità è ritratto, e dice: 'O voi che udito m'avete, vedete quanti sono coloro che sono 'ngannati!': cioè coloro che, per essere di famose e antiche generazioni e per essere discesi di padri eccellenti, credono essere nobili, nobilitade non avendo in loro. **2.** E qui surgono due quistioni, a le quali ne la fine di questo trattato è bello intendere. Potrebbe dire ser Manfredi da Vico, che ora Pretore si chiama e Prefetto: 'Come che io mi sia, io reduco a memoria e rappresento li miei maggiori, che per loro nobilitade meritaro l'officio de la Prefettura, e meritaro di porre mano a lo coronamento de lo Imperio, meritaro di ricevere la rosa dal romano Pastore: onore deggio ricevere e reverenza da la gente'. E questa è l'una questione. **3.** L'altra è, che potrebbe dire quelli da santo Nazzaro di Pavia, e quelli de li Piscitelli da Napoli: 'Se la nobilitade è quello che detto è, cioè seme divino ne la umana anima graziosamente posto, e le progenie, o vero schiatte, non hanno anima, sì come è manifesto, nulla progenie, o vero schiatta, nobile dicere si potrebbe: e questo è contra l'oppinione di coloro che le nostre progenie dicono essere nobilissime in loro cittadi. **4.** A la prima questione risponde Giovenale ne l'ottava satira, quando comincia quasi esclamando: "Che fanno queste onoranze che rimangono da li antichi, se per colui che di quelle si vuole ammantare male si vive? se per colui che de li suoi antichi ragiona e mostra le grandi e mirabili opere, s'intende a misere e vili operazioni?" Avvegna [che, "chi dicerà"], dice esso poeta satiro, "nobile per la buona generazione quelli che de la buona generazione degno non è? Questo non è altro, che chiamare lo nano gigante". **5.** Poi appresso, a questo cotale dice: "Da te a la statua fatta in memoria del tuo antico non ha dissimilitudine altra, se non che la sua testa è di marmo, e la tua vive". E in questo, con reverenza lo dico, mi discordo dal Poeta, ché la statua di marmo, di legno o di metallo, rimasa per memoria d'alcuno valente uomo, si dissimiglia ne lo effetto molto dal malvagio discendente. **6.** Però che la statua sempre afferma la buona oppinione in quelli che hanno udito la buona fama di colui cui è la statua, e ne li altri genera: lo ma[l]estr[u]o figlio o ncpote fa tutto lo contrario, ché l'oppinione di coloro che hanno udito bene de li suoi maggiori, fa più debile; ché dice alcuno loro pensiero: 'Non può essere che de li maggiori di costui sia tanto quanto si dice, poi che de la loro semenza sì fatta pianta si vede'. Per che non onore ma disonore dee ricevere quelli che a li buoni mala testimonianza porta. **7.** E però dice Tullio che 'lo figlio del valente uomo dee procurare di rendere al padre buona testimonianza'. Onde, al mio giudicio, così come chi uno valente uomo infama è degno d'essere fuggito da la gente e non ascoltato, così lo ma[l]estr[u]o disceso de li buoni maggiori è degno d'essere da tutti scacciato, e de' si lo buono uomo chiudere li occhi per non vedere quello vituperio vituperante de la bontade, che in sola la memoria è rimasa. E questo basti, al presente, a la prima questione che si movea. **8.** A la seconda questione si può rispondere, che una progenie per sé non hae anima, e ben è vero che nobile si dice ed è per certo modo. Onde è da sapere che ogni tutto si fa de le sue parti. È alcuno tutto che ha una essenza simplice con le sue parti, sì come in uno uomo è una essenza di tutto e di ciascuna parte sua; e ciò che si dice ne la parte, per quello medesimo modo si dice essere in tutto. **9.** Un altro tutto è che non ha essenza comune con le parti, sì come una massa di grano; ma è la sua una essenza secondaria che resulta da molti grani, che vera e prima essenza in loro hanno. E in questo tutto cotale si dicono essere le qualitadi de le parti così secondamente come l'essere; onde si dice una bianca massa, perché li grani, onde è la massa sono bianchi. **10.** Veramente questa bianchezza è pur ne li grani prima, e secondariamente resulta in tutta la massa, e così secondariamente bianca dicere si può; e per cotale modo si può dicere nobile una schiatta, o vero una progenie. Onde è da sapere che, sì come a fare una [bianca] massa convegnono vincere li bianchi grani, così a fare una nobile progenie convegnono in essa li nobili uomini [vincere] (dico 'vincere' essere più che li altri), sì che la bontade con la sua grida oscuri e celi lo contrario che dentro è. **11.** E sì come d'una massa bianca di grano si potrebbe levare a grano a grano lo formento, e a grano restituire meliga rossa, e tutta la massa finalmente cangerebbe colore; così de la nobile progenie potrebbero li buoni morire a uno a uno e nascere in quella li malvagi, tanto che cangerebbe lo nome, e non nobile ma vile da dire sarebbe. E così basti a la seconda questione essere risposto.

CAPITOLO XXX

1. Come di sopra nel terzo capitolo di questo trattato si dimostra, questa canzone ha tre parti principali. Per che, ragionate le due (de le quali la prima cominciò nel capitolo predetto, e la seconda nel sestodecimo; sicché la prima per tredici e la seconda per quattordici è determinata, sanza lo proemio del trattato de la canzone, che in due capitoli si comprese), in questo trentesimo e ultimo capitolo, de la terza parte principale brievemente è da ragionare, la quale per tornata di questa canzone fatta fu ad alcuno adornamento, e comincia: *Contra-li-erranti mia, tu te n'andrai.* **2.** E qui primamente si vuole sapere che ciascuno buono fabricatore, ne la fine del suo lavoro, quello nobilitare e abbelire dee in quanto puote, acciò che più celebre e più prezioso da lui si parta. E questo intendo, non come buono fabricatore ma come seguitatore di quello, fare in questa parte. **3.** Dico adunque: *Contra-li-erranti mia.* Questo *Contra-li-erranti* è tutto una parte, e è nome d'esta canzone, tolto per essemplo del buono frate Tommaso d'Aquino, che a un suo libro, che fece a confusione di tutti quelli che disviano da nostra Fede, puose nome Contra-li-Gentili. **4.** Dico adunque che 'tu andrai': quasi dica: 'Tu se' omai perfetta, e tempo è di non stare ferma, ma di gire, ché la tua impresa è grande'; e *quando tu sarai In parte dove sia la donna nostra,* dille lo tuo mestiere. Ove è da notare che, sì come dice nostro Signore, non si deono le margarite gittare innanzi a li porci, però che a loro non è prode, e a le margarite è danno; e, come dice Esopo poeta ne la prima Favola, più è prode al gallo uno grano che una margarita, e però questa lascia e quello coglie. **5.** E in ciò considerando, a cautela di ciò comando a la canzone che suo mestiere discuopra là dove questa donna, cioè la filosofia, si troverà. Allora si troverà questa donna nobilissima quando si truova la sua camera, cioè l'anima in cui essa alberga. Ed essa filosofia non solamente alberga pur ne li sapienti, ma eziandio, come provato è di sopra in altro trattato, essa è dovunque alberga l'amore di quella. E a questi cotali dico che manifesti lo suo mestiere, perché a loro sarà utile la sua sentenza, e da loro ricolta. **6.** E dico ad essa: Dì a questa donna, *"Io vo parlando de l'amica vostra"*. Bene è sua amica nobilitade; ché tanto l'una con l'altra s'ama, che nobilitate sempre la dimanda, e filosofia non volge lo sguardo suo dolcissimo a l'altra parte. Oh quanto e come bello adornamento è questo che ne l'ultimo di questa canzone si dà ad essa, chiamandola amica di quella la cui propria ragione è nel secretissimo de la divina mente!

Made in United States
Troutdale, OR
03/31/2024

18858942R00096